请开始
你的演讲

｜从紧张忘词到收放自如｜

博報堂スピーチライターが教える　口下手のままでも伝わるプロの話し方

[日] 蟇田吉昭　著

徐秋平　译

民主与建设出版社

·北京·

© 民主与建设出版社，2021

图书在版编目（CIP）数据

请开始你的演讲 /（日）蟇田吉昭著；徐秋平译
. -- 北京：民主与建设出版社，2021.4
ISBN 978-7-5139-3418-3

Ⅰ.①请… Ⅱ.①蟇… ②徐… Ⅲ.①演讲 - 语言艺
术 Ⅳ.① H019

中国版本图书馆 CIP 数据核字 (2021) 第 039703 号

"HAKUHODO SPEECH WRITER GA OSHIERU KUCHIBETA NO MAMA DEMO
TSUTAWARU PURO NO HANASHIKATA " by Hikita Yoshiaki
Copyright © Yoshiaki Hikita 2019
All Rights Reserved.
Original Japanese edition published by Kanki Publishing, Inc.
This Simplified Chinese Language Edition is published by arrangement with Kanki
Publishing, Inc. through East West Culture & Media Co., Ltd., Tokyo

著作权合同登记号 图字： 01-2021-1498

请开始你的演讲
QING KAISHI NI DE YANJIANG

著　　者	[日] 蟇田吉昭	
译　　者	徐秋平	
责任编辑	程　旭	
封面设计	仙境设计	
出版发行	民主与建设出版社有限责任公司	
电　　话	（010）59417747　59419778	
社　　址	北京市海淀区西三环中路 10 号望海楼 E 座 7 层	
邮　　编	100142	
印　　刷	三河市宏图印务有限公司	
版　　次	2021 年 5 月第 1 版	
印　　次	2021 年 5 月第 1 次印刷	
开　　本	880 毫米 ×1230 毫米　1/32	
印　　张	6.5	
字　　数	120 千字	
书　　号	ISBN 978-7-5139-3418-3	
定　　价	49.00 元	

注：如有印、装质量问题，请与出版社联系。

CONTENTS
目录

第一章　一流演讲撰稿人
真诚打动听众的语言表达

第二章　不善表达也无妨　言简意赅传信息

第三章　发言设置标记技巧　信息传递效果出乎意料

第四章　口才不佳也能打动人的演讲·宣传技巧

第五章　搜集有趣的演讲题材　口才不佳也能逆袭

前　言

有这么一类人，无论是面对怎样的场合，例如会议、杂谈、宣讲、结婚典礼演讲等，都能表达流利，轻松自如。

这项技能想必让不少表达能力欠佳的人心生艳羡："这个人，真会说话，要是我的口才也像他们一样好就好了。"

不知你是否也曾有过这样的心情？

"渴望摆脱不善言谈的形象，顺利将自己想表达的内容如实传递给对方。"想必许多人都有类似的期待。我完全能理解这种心情。

然而，仔细思考一下，原本不善言谈的我们，是否真的必须努力，成为侃侃而谈的一员呢？

我倒是有不同看法。其实，我们不用勉强改变自己的个性。只要我们学会有效传递信息的技巧，也可以通过有限的表达力进行高效表达，相比勉强自己的心情，这种方法更能凸显自身的个性。

其实，表达流畅并非必要条件，一般情况下，我们只要能将信息传递得通俗易懂即可。

我是一名专业的演讲稿撰稿人，目前主要从事的工作内容是为管理者、政治家演讲或演说提供参考意见。

通常情况下，管理者和政治家总让人觉得他们"擅长表达"。然而，事实上可能并非如此，他们当中有的人说话语速过快，有的人讲话则毫无重点，其实他们当中的很多人都因口才不佳而苦恼。

那么在了解"流畅表达"之前，我想和大家分享以下三点来辅助优化表达（如图1）：

1.通过"停顿""沉默"等语言之外的手段表达情绪。

2.选择多数人能理解的"通俗易懂的语言表达"。

3.厘清所需传达信息的主要内容（讲话的基本要点）。

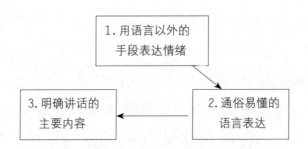

图 1　不善言辞依然能够成功传递信息

　　当然，我还会分享一些宣讲时的姿势技巧以及演讲题材的搜集方式等。但是，我相信，如果可以掌握以上三个基本要点，您的表达能力定会发生惊人的变化，能顺利地将想要传达的信息传递给对方。

　　因为不善言辞，而强迫自己变成另外一个人，完全改变自己原本的说话方式，其实毫无必要。在保持自身特点的基础上，明确区分以上三大要素，完全能在演讲中表现得游刃有余。

　　在从事演讲撰稿人工作的同时，我还在多所大学以"广告沟通"为中心，向同学们传授掌握"语言力量"的方法。

　　此外，我还在《朝日小学生报纸》（朝日学生出版社）

请开始你的演讲

开设有《致大多数人中的你》的专栏连载，也在积极开展有写作培训以及促进沟通交流的小组研讨会等活动。

无论是政治家还是小学生，无论什么年龄、性别、性格、年代、职业，都有不善言谈的人，该如何解决他们共通的烦恼？我认为，归根结底，需要掌握上文中所提的三要素。

本书将围绕这三要素，与大家分享其具体的使用方法。

在本书第一章，我较为关注语言"停顿""沉默""抑扬顿挫的节奏"等，主要围绕语言之外的手段，学习如何通过真诚的语言，将要表达的内容及个人情绪如实地传递给对方。这是不善口头表达的人也能有效使用的表达技巧。

本书第二章则主要关注"通俗易懂表达方式的选择"。例如，人称中使用"我"和"我们"时，对于激发听者的当事人意识的效果完全不同。只需对措辞稍加注意，就能完全改变讲话时信息传递的效果。

本书第三章则主要关注"讲话主要内容的概括总结方法"。无论是会话还是宣讲，都有着基本的格式规范。我们往往会误以为讲话方式越是新奇、别树一帜，越容易让人印象深刻，事实上却并非如此。按照听众早已习惯的方式组织语言，更加简单明了，容易被听众接受。

本篇章与大家分享"语言标记"设置技巧，这种方法适用于所有场景中的演说。只需按语言标记推进整个演讲，就能保证不偏离主题，并能实现按演讲人自己的思路将内容成功传递给听众，同时也不容易出现头脑一片空白而忘记内容的尴尬局面。

本书第四章，主要介绍了我在从事演讲撰稿的工作中所学习到的经验和领悟，与大家分享能打动听众的演讲或宣讲内容的秘诀。虽然人们常说"宣讲的成功与否，九成在于准备工作"，实际上，除此之外也是有许多小窍门的。本篇章，我结合了实际事例，向大家分享一流宣讲人在实践中所用到的各种技巧。

第五章主要介绍演讲的内容，即"演讲题材"的搜集方式。一场演讲是否有趣，不是由表达方式所决定的，而是由表达内容所决定的。本篇章主要分享部分个人工作心得，以及一些表达能力欠佳但是题材出众的方法，学习搜集吸引听众的题材的经验。

曾经有一次，我遇到大学毕业后阔别三年的 T 君，我们

请开始你的演讲

两人有了以下这样一段对话。

"我特别不会说话，我经常觉得跟别人说话的时候，和对方之间就好像隔了一道透明的玻璃墙，对方完全听不明白我在说什么。无论如何我都无法撞破这层玻璃墙。好像我所有的话，最后全都直接撞到了那道透明玻璃墙，像屋檐下的雨水直接落在地上一样。对方完全听不懂我想说什么。"

压力颇大的 T 君，说到这里似乎一瞬间就变成了一位陌生的大汉。

"我想换工作。不想参加那些无意义的会议和浪费时间的报告，想去就算不用讲话也不影响工作的地方，这简直是我梦中的工作。"

事实上，跟我交谈的 T 君，他讲得十分清晰明了。"玻璃墙"这样的比喻，非常形象地表达出了他的情绪。

我对他说："你表达能力很好啊！"他却说："那是因为交流对象不是公司的同事。"事实上，他完全具备"传递信息的能力"，但他自己并未意识到这一点。

本书初衷，正是为具备表达能力却自己并未发现的 T 君们所写。

让他们能充分发挥每个人都拥有的"传递信息的能力"，去释放工作中的压力。

本书将与您分享如何在交谈、会议、闲谈、宣讲等多元场景下，与上司、客户、朋友保持舒畅交流的技巧，提醒各位如何通过注意措辞、传递情绪等具体交流技巧实现更好的沟通。

在博报堂工作的近 35 年中，我承担了数百次宣讲。一直以来，我作为演讲撰稿人，以及大学讲师，与诸多听众共同分享了在实践中所领悟到的"不善言辞也能成功交流的方法"。

本书初衷就是希望通过毫无保留的经验分享、浅显易懂的解说，为读者们提供简单快捷掌握成功交流方法的参考。

蟇田吉昭（ひきた　よしあき）

第 一 章

一流演讲撰稿人
真诚打动听众的语言表达

有的演讲为何难以打动听众

估计大家都在电视的会议转播或新闻类节目中看过一些人做演讲的场景。那么，大家听他们的演讲，有没有被他们的语言所打动呢？

我想，大部分人的回答应该是"没有"吧。

日语中有一句形容语为："口若悬河。"本意指的是"向竖起来的木板上倒水"，水会因为重力作用，不受任何阻滞哗啦啦地流下来。人们用这样的场景来比喻人说话时的样子。此外，日语中还有一个表达，本意是"往竹子上抹油"，也是表示顺滑和流畅，两者均用于形容口才好的人侃侃而谈的样子。

这两个惯用句都是在积极肯定善于表达的人。然而，遗憾的是，"演讲者口若悬河"并不能与"听众深刻理解说话内容"画上等号。

"能言善辩＝善于表达"这一等式并不成立。

哪怕演讲者能言善辩、口齿伶俐、逻辑完美，却依然在很多情况下有着词不达意的问题。这就是沟通交流中让人感觉不可思议的部分。

语言表达缺乏真诚、用心，导致沟通无效

在明治时期，四国土佐地区出生的一些武士意外地善于雄辩，比如坂本龙马和板垣退助等。据说其中缘由之一是因为"土佐方言"。

坂本龙马用"土佐方言"大声呼喊着：

"日本，再这样就要玩儿完了！"

"变天了！新日本变天了！"

如果坂本龙马不用土佐方言，而是用标准语喊："日本，不可以再这样了！""天亮了！新日本的天亮了！"我想大概不会有太多人会对这样的呐喊产生共鸣。

所谓"口若悬河"，就是因为讲话内容里有着独特的着

重点和抑扬顿挫的节奏感，而其中正包含着"想传递给听众的信息"。正因如此，人们才会被这样的语言所吸引。

无论语言逻辑如何完美，如果内容不能打动人，基本上很难起到沟通的效果。这就类似 AI 道歉一样，逐字讲出"非、常、对、不、起"，完全无法让人感到道歉的诚意。

交流谈话中，需要有超语言的要素，有直击灵魂的语言表达。

如此想来，有的人在做演讲时，很多只是在接受官方文件完成阅读任务，照本宣科自然不可能打动听众。

充分挖掘不善言辞的优势

我有一位很好的朋友，在一家公司担任社长职务。他的出生地是栃木县，长期生活在东京。他说话时有个特征，总是保持着他出生地原有的方言特色，每次话尾部分音调升高。

我在酒席间与他交流的时候，他说，自己年轻时，因为不太好意思说自己家乡方言，所以基本上很少讲话，属于典型的不善表达的人。

但其实这种特点反而是种优势。

同样是一句"没关系",一般人就是平铺直叙地说上一句,由他说的时候,他的声调越往后越高,听起来就好像是发自肺腑地在强调"没关系"一样。

每一句话之间的停顿稍长,然后再说一句"不",之后又保持沉默。这种方式,会让对方觉得讲话的人正在思考。

在与他所在公司职员见面谈及社长的时候,大家都会模仿社长说话的语气。显然,我的朋友在公司里是备受爱戴的。

这位社长朋友,告诉了我他改变的原因:"我以前的上司,改变了一直以来害羞腼腆的我。上司当时对我说,你很有优势啊,听你说话,感觉你的发言都是经过了深思熟虑的。"

自那以后,方言腔调带来的自卑感一扫而光。朴素的语言表达,加上句尾声调提高的特色,大大方方的表达,最后逐渐成了我这位朋友自己独一无二的发言风格。

我想,很多觉得自己不善言谈的人,一定也与我这位朋友一样,有着尚未发觉的语言表达的独特魅力。

那些让你感觉自卑的因素,可能会摇身一变成为你发言时的"专属风格"和"独特个性"。

只要是用心、真诚的表达，就能真正打动他人，这样的效果可能比那些表达流畅、口若悬河的方式更好。

努力去发现那些不善表达的人的长处，最大限度地发挥其优势。

学习模仿言语表达的高手

在你周围，是否有让你羡慕的人，会让你产生"如果我能像这样表达就好了"的想法？

原本自己和别人的企划内容基本相同，但对方在企划会议讨论中进行宣讲发言时，自己感觉对方的企划似乎更受欢迎更有市场。

对方在做商品经营战略相关陈述的时候，具有很强的团队号召力。

这样的人发言很有说服力，擅长说明解释。如果在你的身边有这样能力出色的人，我推荐你积极向他们学习，模仿他们的语言表达技巧。

学生时代时，我特别擅长模仿老师说话的口吻。我记得，那时候我经常观察老师说话时的重点、抑扬顿挫、停顿方式、常用词汇的选择，等等。同时也常常模仿老师的语音语调，朋友们也从我的模仿中感受到许多欢乐。

全方位模仿掌握精髓融会贯通

当初，我大学入学考试失利，在我重新备考的那年，我遇到了一位敬爱的语文老师。我将老师的讲义用录音机 / 笔的方式录下来，然后反复播放录音进行学习和模仿，自己的成绩竟然不可思议地提高了。在模仿老师语音语调的过程中，我感觉我并不是一名"考生"，我感到我甚至学习到了这位"备受欢迎的老师"的思维方式。

在我发现了模仿的奇效后，我经常会去模仿那些优秀演讲者说话的方式。而我现在的工作，则更进一步，模仿别人的语音语调，将其写成文字，成了一名专业演讲撰稿人。

曾经，我在采访日本哲学家梅原猛的时候，先生告诉我，他写作时的状态是这样的：

"我开始写文章的时候，就像圣德太子和世阿弥附身一样。"

"仿佛写文章时候的我，并不是我梅原猛本人，而是圣德太子在写，是世阿弥在小声地边说边写。"写作过程中感觉到与主人公融为一体。

当我遇到语言表达能力出色的人时，我就会首先在YouTube上搜索相关视频等，在上班的路上观看。

在我教小学生写作文时，我就特别喜欢池上彰的语言表达方式。于是，从早到晚，我都播放池上先生的系列视频，进行模仿，期待自己与之融为一体。在面对注意力容易分散的孩子听众时，我经常会模仿池上先生的语调对孩子进行夸奖："真是个好问题呀！"同时努力打造出适合自己的讲课风格。

首先，模仿学习话语间的停顿

自从我在补习学校时期感受到模仿那位老师带来的成功后，我逐渐掌握了独特的"模仿他人的精髓"的方法。下面与大家共同分享。

第一步模仿，把握关于话语的"停顿"。有一天刮台风，我上文提到的这位老师，上课第一句话就是："风，好大！"在讲话时充分控制好语言之间的停顿。后来，我模仿老师的语气，朋友们都觉得非常相似。

实际上，我和老师的声音高低完全不同。自那以后，我明白了，模仿他人的关键就是掌握其话语的停顿，那样就会学会和对方一样的呼吸节奏。这种节奏也就是对方发言时的强调重点以及吐气时的呼吸。学会了对方的呼吸节奏，就基本掌握了发言者的性格特征。

第二步，重点体会抑扬顿挫。池上彰先生在演讲时，说到"这，到底是怎么回事呢"这句话时，就会在最末尾的"怎么回事呢"这个部分加强语气。只需要学会这一点，就能成功模仿池上先生的口吻。

最后一步，把握口头禅。我的上司，在提出反对意见的时候，往往会很郑重地说上一句："对此，我有不同意见。"我们可以尝试模仿他们惯用的口头禅或者常用单词。

每次，当我接到演讲撰稿任务时，我都会先与演讲者本人进行一次会面。在会面交流时，和演讲者随意闲谈，并在这个过程中，仔细聆听对方讲话时的"呼吸节奏""抑扬顿挫""常用口头禅"等特征。我接触大量不同的人，其中包括卓越的企业管理者、新锐的政治家、茶道的老师、大学的教授、礼仪培训的老师、年轻的剧作家，等等，在和他们交流时，我会在用心聆听他们说话的同时，有意识地向他们进行模仿和学习。

我的文章撰稿能力，就是在"模仿学习能力"的基础之上不断提高的。

如果你的身边，有令你特别敬佩的人，不妨尝试一下模仿他们。你会发现，当你在模仿他们说话时，思维也能与他们同步，甚至性格也会与他们接近。

让自己努力成为另外一个自己，是帮你掌控说服力的有力武器。

话语间需要设置"停顿"

模仿学习的内容，还包括言语之间的"停顿"。

有一次，客户委托方在朗读我写好的演讲稿时，承担演讲工作的原 NHK 的主持人给演讲者提了一点建议："在句子结尾的位置，尝试轻轻地吸气。"于是，最后句子听起来是这样的感觉。

"早上好！（吸气）十分感谢各位在百忙之中，抽空前来参会。（吸气）大家感觉不冷吧。（吸气）接下来，我向各位介绍春季以后我们公司的战略方针的具体情况。（吸气）"

在前一分钟还语速过快的演讲人，经过这番指点之后，语速立刻降了下来，显得更加游刃有余，而发言内容听起来也更清晰明了。

演讲时，在句子结尾部分保持吸气的节奏，就能产生"停顿"。停顿可以让每个句子之间增加合理间隔。只需要这么一个小小的技巧，就可以让发言内容得到更好的传递，听众也会觉得内容更加清晰易懂。

发言人如果不换气，听众就会感觉呼吸困难

其实，我们的日常沟通水平，往往远低于我们的想象。只要你将自己的日常会话通过录音记录下来回放，就会很容易发现这一点。大多数人在大多数情况下，说话毫无逻辑可言，想到哪里说哪里，他们只是把句子连接起来。大多数人普遍会在说话的句子末尾拖泥带水，甚至还会带一些毫无意义的口头禅："不知怎么说好""就是有点那个"。对于大部分人来说，他们都很难意识到自己日常会话水平欠佳。

在所有的说话习惯中，最令人难以置信的是，很多人讲话过程中居然完全没有"停顿"。一整段话讲下来，竟然只有结尾停顿，是一句长得离谱的句子。这样的发言方式完全没办法帮发言者向听众有效传达他们要传达的内容。

无论是朋友之间的随意交流，还是重要会议或商务谈判，抑或是宣讲会、报告会，如果是这样毫无停顿的表达，最终的交流效果，可想而知。

言语之间的"停顿"，并非单纯意义上的沉默不语时间，停顿其实是预留给听众进行确认的时间。

听众在听的过程中，在话语停顿的间隙，能对内容进行确认，例如赞同："是的，的确如此。"或者发出疑问："刚才所说这句话，到底是什么意思呢？"因此，在这个角度而言，无论演讲者发言内容如何精彩，如果没有充分预留出"停顿"的时间，听众是很难感受到演讲者的精彩之处的。然而，即便非常清楚说话时停顿的重要性，但在实际演讲中，我们还是容易语速过快。这往往是心态造成的。

缓缓活动身体有助于预留话语间的"停顿"

那些找工作面试失败的学生，基本上都会提到同一个原因。

"一站起来，就感觉很紧张，不知道说什么好。"

这种状态下，发言者很容易会语速过快。因为人在紧张状态下，就会产生恐惧心理，这种恐惧心理会使人竭尽可能挣脱这种状态，所以说话就会语速过快，没有停顿。

遇到这种情况，该如何处理？**最快捷有效的方式，就是轻微活动一下身体。**

请开始你的演讲

尤其是，在有大型宣讲说明会、重要的面试、商务谈判的重大日子，早上起来，第一件事就要有意识地轻微活动一下身体，并且要尽可能放慢节奏来进行一些日常动作，如喝水、刷牙、穿鞋等。抱着坐禅时的心态，有条不紊地安排时间。这容易让心情平缓，恢复冷静。

除此之外，我们可以像孩子早读一样朗读一部分书稿或者诗歌。在朗读时放慢节奏，并在句子结尾处吸气，让句子与句子之间有着充分的"停顿"。我在教学生的时候，经常引用《深呼吸的必要》（长田弘·晶文社）一书中提到的方法和技巧。

　　大马路。小胡同。小巷子。小弄堂。岔路。小径。路尽头。顺路。弯路。绕路。所有的路我都一清二楚。
　　然而，我并不喜欢宽阔的大马路。"大马路，是匆忙的路。自行车很匆忙。人们很匆忙。看起来越宽阔的大马路，实际上越狭窄。"

你不妨试一下上边的建议。你是否在放慢节奏朗读的过程中，感到各种不同道路的景色一点点呈现在眼前呢？

上文中所介绍的"句子末尾处吸气"的方法，其实也是为了避免语速过快，而有意识进行的停顿。

在吸气时，有意识地放缓节奏，同时保持抬头挺胸，能帮你塑造一切尽在掌握、胸有成竹的感觉。

这能帮你在发言时预留出足够的"停顿"。

吸引听众并让听众"会心一笑"的方法

拿手模仿手枪的样子，朝着路上的行人"砰"地开枪，会出现什么样的结果？东京街头和大阪街头又会有怎样不同的反应呢？

很久以前，某家电视台节目进行了这样一项测试。

结果是：东京和大阪的反应差别极大。在东京街头，大部分路人都是当作没看到，或者扫一眼就走了，也有人对此感到十分生气。但是，当节目组在大阪街头进行测试时，无论是大叔、大妈，还是年轻女性，都立刻捂着腹部，模仿中弹后痛苦的"噢呜"声，进行各种不同的表演。有人则立刻仰头弯腰做出避开子弹的样子，还有人伸出手掌，仿佛接住了子弹，然后反手扔回来。

我因为曾在关东和关西两地分别住过，所以我能深刻体会到这种差异是真实存在的。

通过语言让对方感受快乐，需要双方有共同的认知。在其中需要制造落差，大胆地尝试一些脱离这种共同认知的言语与行为。这正是除了人以外所有其他动物都做不到的，高级的沟通行为。

"地球是蓝色的"，这是首位进入太空的宇宙航天员加加林留下的一句名言。当时，加加林参与宇航员选拔竞争时，还有一位对手，名叫戈尔曼·契托夫。这两位都是非常优秀的飞行员。

最终加加林成功入选，成为首位进入太空的宇航员，据说决定性因素就是他的"笑容"。

加加林出身于普通劳动阶级，性格温厚，加加林的笑容有种力量，能缓和高压之下工作人员的紧张情绪。他即使面带笑容什么也不做，也能让人感觉到心中有底气。

即便是会集科学精髓的宇宙探索，也相信笑容的力量。

无须刻意追求"受人欢迎"，只需让人感觉愉快

无论是闲聊还是商务谈判、宣讲说明，都要吸引听众，让听众有参与感，同时也需要发言者有点幽默感，能适当调节气氛。幽默感其实非常重要，但是，不少演讲者似乎对幽默感有点误解。

有的人认为幽默感就是要想办法努力"受人欢迎"，而这种想法，几乎在任何场景下都会导致失败。

要想实现"受人欢迎"，首先要有一段吸引听众的经历，演讲者能清晰说清事件的来龙去脉，只有在具备这一前提的基础上，才会有可能实现。

我们必须认识到，如果双方只是初次见面，在完全没有任何交集的情况下，很难得到听众的喜欢。倘若听众听得非常开心，那么只有一种可能，就是对方将你的发言视为一般的闲谈而已。

我们追求的目标，是尽可能缓解紧张和不安情绪，让人感觉轻松愉悦，创造双方顺畅沟通交流的氛围。

"招待品尝一杯茶"的心态让听众放松下来

演讲发言时，有一种可以让听众平静放松的方法，就是"破冰"。实际上，在日本，很早就已经有非常出色的"破冰之法"了。

泡杯茶，招待客人品尝的行为，就是最早的破冰法的运用。

"品一杯茶"，就可以歇口气休息一下。演讲时，作为演讲人面对听众时，需要有请听众"喝杯茶，歇口气"的心态。因此，发言时的措辞也要从这个角度进行考虑和选择。

在进入演讲主题前，可以用一些话作为过渡。例如："今天早上感觉明显降温了呢""在最忙的时候，大家能来参会，我实在非常感谢""刚才在会场的路上，我看到了一排非常漂亮的樱花树，大家发现了吗"，等等，通过简单的寒暄，不仅能拉近彼此距离，还能给听众一个缓冲的空间，让听众在对话过程中保持愉悦心情。

当然，首先我们应将这种方法真正落实到行动上。

直到江户时期，日本人都将"抹茶色"视为"幸福的颜色"。这是因为喝杯茶，歇口气，能让人心情平静，得到舒缓，整个人也就自然而然地愉悦起来。

这是能创造出温暖的，有魔法的颜色。因此，在日语中"御茶目"一词，指的是"天真无邪的笑脸"，而"茶を入れる"（倒茶）一词指的是，在对话陷入僵局或冷场的时候，插科打诨以缓和气氛。

在沟通的过程中，愉快开心的对话能占据绝对优势。但是要注意的是，这种愉快的"笑容"，并不是说我们要像说相声那种，通过抖包袱让大家捧腹大笑。

听众不熟悉你，你又不擅长语言表达，那么，你首先要做的就是"和颜悦语"。

演讲者在演讲开始前，就要保持一种"请客人喝上一杯好茶"歇口气的心态，用温和、善解人意的笑脸来破冰，这是演讲者演讲时的首要目标。

"信任程度"与"话语量"成反比

有些人，尽管话很多，但他的话总是没有什么分量，无法打动别人，这是什么原因呢？

从话语分量角度考虑，这大多是因为经验不足导致的。

很多缺少经验的人往往大脑里的第一反应是："我不太清楚，但是……""我刚分到这个任务，还没有时间了解"，以此来逃避问题。后面即便他们表达的内容是正确合理的，但却无法为他们的话增加分量。

此外，这大多是因为当事人没有意识到问题所在。这类人内心普遍认为："我不是直接负责人""最终责任，由某某承担，不会影响到我自己"。无责任心的人，即便口齿伶俐、表达流畅，也是心中毫无底气的。

其中，尤其是承担商品营销的负责人，如果发言没有分量，就很难获取客户的信任。

营销这个职务，需要站在企业前线打头阵，甚至要对公司的效益负责，为最终结果承担责任，是项目管理中的核心部分。

营销负责人往往实际工作经验丰富，有责任感。因此，有时候可以放低姿态退后一步，有时即便会引起对方不悦，依然需要大胆直言，保持强有力的沟通方式。

然而，话虽如此，年轻人大多经验不足，这种现状并非一时半会儿可以解决。

那么，该如何是好呢？

增加语言表达的分量

是不是我们需要掌握更多的交谈技巧，尽可能拉近与客户之间的距离，建立更亲密的对话关系？是不是我们需要在与客户交谈中添加更多有趣的内容？其实，我们要做的恰恰与之相反。

我们需要改变的，不是谈话的技巧，而是"谈话内容的分量"。

众议院议员小泉进次郎曾经说过这样一句话：

"要让语言表达有温度，有分量。"

这才是最重要的关键。

你所说的每句话，都需要承载重量，让话语有分量。如果只是善于谈天说地的闲聊，人们最多会认为你是个有趣的人而已，而不会帮助你实现任何期待出现的效果。

换言之，每句话，都应该包含着期待与信念，持续增加话语本身的重量感。

与其话语重复，不如保持沉默

要想达成这一点，首先需要减少话量，而不是增加话量。

在日常生活中，我们要有意识地进行训练，将自己所思考的问题以简短精炼的方式进行总结。

如今，无论是电影、书籍、美食还是旅行，我们已经习惯了通过"别人的评论"而评价。首先，我们要放弃的就是这一类囫囵吞枣的行为。

我们要养成通过自己阅读，自己试吃，自己亲身体验，之后自己独立做出判断的习惯。然后，进一步思考自己为什么认为这个好吃，为什么认为那个无趣，分析原因，并尝试以简短的语言总结出来。

这种训练，能帮助我们锻炼出"自我判断能力"，帮助我们逐渐形成"任何事情都可以自己来决定"的掌控感，自然会增强我们的自信心。

有时候，我们之所以会一不小心讲太多，正是因为我们不够自信。因为不自信，所以想要通过多余的语言来掩盖。

话语分量在于"思考"。

有了思考，语言才会有力量，即便话不多依然能简短有力地表达出重要信息。

不用害怕寡言少语冷场。

在公司里，我经常被称为"最后出拳的人"。

通常，在会议开始时我经常会保持沉默。等成员们的意见发表得差不多，所有的问题都提出来之后，我才开始发言。

我们有一个错误的判断就是，发言越多的人，就是"积极参加会议"的人。然而实际上，只有"重要的发言""一句话改变整个方向"的表达，才是最重要的。重要的发言，才能赢得信任。

无论是商务交流还是私人沟通，"信任"是至关重要的资产。

要获取信任，就不要害怕话太少。

我们要将增加话语的分量这一点作为沟通时最重要的课题来攻克。

表达要进行选择取舍

"鼠的小说有两个优点：第一，没有性爱场景；第二，没有死亡。原本人都是要死的，人也都有七情六欲，人生十之八九莫不如此。"[《且听风吟》（村上春树·讲谈社）]

当时我还只是一名学生，看到这一段时感触极深。

那时候，我在尝试创作一些小说，虽然水平有限。我感触最深的就是：有些东西可以选择不写。

"的确如此，决定写什么，不写什么，要有取舍，这种取舍之间，就是自我表达的方法。"我在后来的写作中，就遵循"取舍"原则，继续开始创作。

例如，"青春"这一表达，在大多数人眼中，青春满怀希望与梦想，可以说是人生的春季，但就我个人而言，我那个时期则充满不安、焦虑和嫉妒的情绪，可谓是乌云密布。如果我小说中轻易使用"青春"一词，我想我的文章很难看起来成立。

沟通前提前掌握对方的信息

在我工作以后，我经常需要对写作题材取舍，这其实是话语表达的取舍。

在考虑话题的"取"的基础之上，决定哪些话题要"舍"，在沟通交流时至关重要。

有一次，到老年人比较集中居住的地区，我有幸采访到当地"拔刺地藏"的一位老婆婆。这位婆婆首先就告诉我在当地的"不能说的禁忌"。

主要有三样不能说：家里的事，工作的事，金钱的事。

这位婆婆还笑着告诉我："以前，还不能说战争期间的事，现在能说这个话题的人都已经去世了。"

在出租车司机之间一直都有个规矩，就是"勿谈政治与棒球"。最近，讨论棒球的人也越来越少了。

这种交谈规则，无论是每天的会议或聚餐、私人聚会等，都需要根据不同的场景进行确认。

有一次，参加聚餐的时候，谈到了母亲的话题。

请开始你的演讲

一位女士谈到自己与母亲关系紧张的故事，对此我也深有体会，我们在话题中找到了共同点，我附和道："我的母亲，也是一模一样的啊，简直无语啊！"我们的交谈非常热烈。然而，这个话题，并不是对所有人来说都是让人开心的内容。

有的人，早早就没有了母亲陪伴，成长在比较复杂的家庭环境中。聚餐之后，得知有人处于这种情形时，我特别后悔、自责："我怎么能说话如此轻率不经大脑！"

有关学历的话题也是禁忌。有时你只是不经意地一提："东京大学的哦，当然聪明呀。"结果对方反而脸色立刻阴沉下来。

对方答道："我虽然是东大，但是没进法学院。我没那么聪明。"

当时的我还对对方这句话感到摸不到头脑，但也能感到对方对于"东大出身"这个话题，似乎有点自卑。

疾病话题也是雷区。自从我患病以来，我经常提到自己的病情。通常我也只是未经深思熟虑随口一说。但是，后来有人背后批评我，认为我是在"利用疾病的话题来博人同情"，我才意识到这个问题。

甚至有时候我说到自己的病，对方就很不耐烦地说："你的病，不是都已经治好了吗！我现在还在和癌症抗争呢。"

总而言之，关于个人隐私的看法，存在着成长环境和价值观的差异。团队之间的关系亲疏，团队成员的感受也存在着差异。

商务会谈的场景之下，需要尽量遵循"不触及私人问题除非回答提问"这一规则。

列出禁忌话题清单

沟通出现的障碍，大多数情况下，并不是因为"想说的话没有说"，而是由于"说了原本不该说的话"产生的。

尤其是当今这个时代，一次失言或者一句无心之言，会迅速在社交媒体上扩散开来，并被反复提及。

有不少政治家，就是因为发言不慎，不小心说了"不该说的话"，导致了政治生涯的终结。

我们在准备演讲稿时，要明确区分"要说的话"和"不该说的话"，两者同样重要。

请开始你的演讲

"不说的话"展现了一个人的度量，关系到你能否获取信任。说话时有所取舍，才不会成为无辜被排斥的人。

不妨想想今天要见面的人，认真思考，记录下"话题禁忌清单"，尝试让这种行为成为习惯。

奉承赞美也需要智慧

能言善辩、擅长赞美的人，特别容易赢得对方好感。虽然这看似并不是什么太好的评价，但你会发现，那些"能说会道"的人，确实更容易获得成功，出人头地，占据好的职位。对此现状，也有不少人悲观失望，感叹埋怨领导者没有眼光。

然而，现实世界是，仅限于中规中矩的如实表达往往很难进步。

善于赞美肯定对方，开心地将事情顺利推进的人，更容易获得成功，这是难以动摇的现实。

作为演讲撰稿人，我的服务对象就是人。为了满足人们"渴望得到赞美肯定"这一需求，需要我们对"能说会道的人"进行分析，并且将赞美和智慧话语融合起来。

社长抓住人心的口头禅

某公司的社长，据说是出了名的脾气坏。因此这家公司全体职员都非常关注社长的心情好坏。我猜想，这样的公司一定会令人感到压抑。结果，等我到公司去向员工了解情况，意外得知这位社长其实很受欢迎。

我观察到一点，就是这位社长反应十分敏捷。

"你是怎么了解到这个情况的？"

这是这位社长经常会问的一句话。

我将演讲稿带上去与这位社长见面，社长一直表情十分严肃地认真听着我朗读稿件。演讲稿读完后，社长依然一言不发，保持着沉默。

我猜社长心里觉得我的演讲稿不符合要求。没想到对方却向我问道："你为什么会认为打破组织部门间的壁垒是最重要的呢？"

其实，这句话是上一次见面采访时，社长自己提到的一点。但是，此时他却来问我，好像这一点是我发现的一样。

就是这么一句话，让我体会到一种心有灵犀一点通的感觉。

请开始你的演讲

"你是怎么知道的呢？"这句话是不少女性在肯定男性的时候常用的话语技巧。这位社长将此技巧运用到商务会谈当中，实在是令人如沐春风，心情舒畅。

"确实，这是第一次见到。"

这是一家企业宣传部长常用的口头禅。

在一次和这位部长同行出差的时候，我发现，这位部长每次看到员工提交上来的企划书，既不说"写得好"，也不说"不错"，而是用"这是第一次见到"来进行评价。无论是吃中国菜，还是欣赏景色，他都会感叹："第一次吃到这个味道"，或者"第一次见到这样的风景"。

此外，看到制作好的广告片，他就会给予"这个场景最好"这样的评价。不经意地在对话中穿插"最好"与"第一次"这样最高等级的评价，极大地提升了创作者以及相关人员的创新动力。

以下就是我希望年轻的你们掌握的话语技巧：

"你怎么知道是这样一个情况呢""这是我第一次听说呢""这是我第一次见到"，等等。

这种赞美肯定，完全不同于溜须拍马。直白的奉承大概就是大肆夸赞"啊！真不愧是部长，眼光独到"之类而已。而这种赞美，体现了说话人对工作、对食物、对景色本身的真正意义上的肯定。

"不愧是部长"这句奉承话，并不是肯定工作或者食物，而是在刻意取悦部长。这就是"智慧的赞美"与"直白的奉承"之间的根本区别。

看看爱情小说学习恋爱技巧

我们经常可以在女性杂志或者网站上见到这样的沟通技巧："要是和我一起做某件事的话"。这类技巧会引出极富想象力的话题，甚至会让话题时间轴延长到"我一直喜欢你"等之类的表白。

这些技巧绝不仅限谈恋爱。最基本的沟通交流，都要满足对方愿望，在让对方感到心满意足的同时，努力实现自己的诉求。

有些人可能会有所抵触——"我最讨厌说些场面话或溜须拍马"，或者认为"我这种性格实在说不出什么奉承话"。

但是，在抱有抵触情绪之前，我想，了解一下这种技巧背后的人类心理也不失为一种良策。

如果不善表达的你，能说上一句"这是第一次见到"之类的话，对方一定会非常高兴。而且，说不定还会很有兴致地向你介绍更多详细的内容。

聆听对方讲话时，我们只需要配合"然后呢""后来呢""再然后呢""还想听"等推进话题深入，就会给人留下积极主动的印象。

"智慧的赞美"充满了魔力。请大家务必学会运用。

专栏1
打入一流优秀者的圈子

学生时代，我曾经在《第8次早稻田文学》文学杂志担任学生编辑，有幸与法国文学教授平冈笃赖教授，青野聪、荒川洋治、三田诚广、立松和平、福岛泰树等作家联名担任编委会委员，也曾经与村上春树联名参加过编辑工作。

老师们的学生中，有栗本熏、堀江敏幸、小川洋子、角田光代等。

作家与诗人在与平冈先生交谈的时候，都意气风发。每次听到他们的讨论，我都在一旁角落里，深感自身的渺小。尽管如此，他们交流的内容，依然深深地震撼着我。

"优秀"的呼吸、"优秀"的语气、"优秀"的氛围，置身于这"优秀"的时光中，我时而感觉十分焦虑："我不能再继续这样下去"，时而又感觉特别自豪，非常庆幸："能在这里真是太幸运了"。

同一时期，我在NHK一档节目《趣味猜谜研究班》里，

请开始你的演讲

负责猜谜设计方面的工作。

当时，节目组的最高收视率达到了 42.2%（1982 年 9 月 12 日），我与主持人铃木健二合著的书也实现了单行本发行量大增，热销 332 万本。我的学生时代，就是在这"势不可挡"的快速发展中、马不停蹄的忙碌中度过的。

与之相比，大学时代的我，完全就像是一只鸟儿休息在横木一样。其实，也没什么关系。永六辅、青岛幸男、寺山修司等，也是在学生时代就崭露头角，也超越了在大学时期的表现嘛。的确，上大学之前的我，有一股勇往直前的冲劲。

虽然只是一种感觉，但是当时就觉得自己的世界似乎一下子豁然开朗。此时，再回头去看，那曾经缩在狭小空间里唯唯诺诺犹豫不决的自己，感觉就像一个傻瓜一样。

置身于一流的圈子的秘诀是，首先就要去追随最优秀的人。

音乐也是如此。如果遇到了自己认为一流水平的艺术家，那么就要排除万难，亲自去体验音乐会，共享一流艺术家的时间，感受他们的气息，吸收他们的语言。

要尽可能地去接触那些你认为最优秀的水平的人，那些值得信赖的专业教练、商人、创意总监、电影导演等。

遇到这些在自己行业处于最高的一流水平的人，就会很自然地想要向他们学习。

渐渐地你的行为就会受他们的影响。虽然日常生活平淡无奇，但你的身体里却有着追求"优秀"的血液在流动。

你要先放弃"这样就不是我自己了"的想法。无论是谁，都是从自己所崇拜的偶像开始模仿，然后才逐渐成为行业中优秀的一员的。

羽生结弦的发型就是模仿俄罗斯选手普鲁申科的，大谷翔平则是有意识地向美国棒球队员贝比·鲁斯学习。

人的成长，并不依靠单一持续不断的努力。而是当你遇到一个非常优秀的人，你特别想和他一样出色，当你产生这个念头的瞬间，你就会迅速成长。相反，当你停滞不前，烦恼自己没有进步的时候，往往就是停留在自己的舒适区，安于现状，和自己差不多水平的人一直在一起导致的。

当然，这里的"优秀"，并不是要你听从这个世界的判断，而是要由你自己来决定。

"优秀"的氛围是可以被感知的。要深刻体验这样的环境，必然是要花费金钱的，但这种消费是值得的，因为这是对自己未来的投资。

要想变得"优秀",你就要明白"一般""良好"是处于怎样的水平。

在之后再参加宣讲会或是演讲时,也许你就会发现演讲者其实并不如世人所认为的那么出色,因为你已经形成了自己的判断标准。

我们需要持续努力,跻身"优秀者"的行列。

只要不断努力,我相信总有一天,你会进入优秀者的行列,同时也会有人慕名前来,追随你的步伐。你帮助他人获得成长,正是你跻身优秀者行列的明证。

勇往直前,努力成为更优秀的人!

不善表达也无妨
言简意赅传信息

信息传达　简洁明了

有很多人，总认为自己表达能力不佳，是因为不够聪明，然而实际上，智商与表达能力高低之间并不存在必然联系。

真正聪明的人，往往也能有出色的表达。因为他们在自己脑海中已经领悟透彻，能自由组织语言，简洁明了陈述问题。

如果你在表达方面有所欠佳，首先你要解决的不是使用晦涩难懂和拐弯抹角的词汇表达，使发言尖锐犀利，而是：言简意赅和通俗易懂。

因此，我一直推崇在演讲时，无论对方是小学生还是行政人员，都要做到通俗易懂。

例如，在我负责连载的专栏《朝日小学生报纸》中，我对专栏里出现的"非物质文化遗产""经济危机的危害""美国对中国提高关税"等问题，也都使用通俗易懂的方式进行说明，让孩子们也能轻松理解。

政治家在做演讲时，特别爱用晦涩难懂的官方措辞。其实，那样的演讲，远不如选择小学生都能听懂的语言表达效果好，后者通俗易懂，所以更具有说服力。

我的观点是：无论听众是谁，力求内容简洁明了，表达通俗易懂。

将交流的"目的"提炼为一个关键动词

那么，如何让小学生都能轻松听懂呢？

那就是，将谈话的"目的"归纳为一个核心词汇。

无论是大型会议发言或是每日例行会议，必定有一个核心词。这个核心词汇需要非常明确。如果表达中毫无重点，均匀用力，则会出现词不达意，传达信息不准确，听众也很难给出明确判断。

确定好"核心"后，想尽一切办法，强调发言的核心，最终必然会得到听众理解与认可，实现预期目标。

一个故事，总会有一个词是贯穿整个故事的灵魂。如此

请开始你的演讲

想来，表达简洁明了也并非难事。这个核心词汇，就是动词。

例如，我希望报社明年继续将专栏连载交给我，那么，我交流时的关键词就是"继续"一词。只要抓住这一点，我就可以围绕这一核心表达我的意愿。"如果让我继续做专栏连载，我可以写某某主题"，"如果让我继续连载，可以吸引某些读者"，"如果让我继续连载，可以留住忠实的追栏目的粉丝们"，等等。

如果此时，你只是表达"我热爱报纸""热爱文字创作""通过专栏增加收入"等内容，就会出现多个动词混杂的情况，导致真正的重点不突出，目的不清晰，甚至最后都不能明确传达出自己的意愿。

同样，在给毕业求职的同学们讲历史人物时，我也经常使用核心的关键词进行描述。织田信长是"推翻"，丰臣秀吉是"扩张"，德川家康是"平定"，坂本龙马则是"结盟"，佛教就是"开悟"，我使用以上核心关键词来概括总结。学生们听了之后，就会产生了解这些动词代表的意义的意愿，进而会去关注人物行为等。

找到自己的关键词，也就等于找到了自我宣传的"核心"。

将表达目的词汇"动词化" "关键动词"强调表达的目的

如果希望交流沟通效果好，在与人见面交谈时，尽可能将表达词汇"动词化"。例如，见客户主要目的是维系关系，保持友好往来。因此，首先需要时刻提醒自己，见面时的核心词就是"和睦相处"，如此一来，与客户交流时就能紧紧围绕这一目标有序进行。

如果今天参加会议，主要目标是希望会议通过自己的提案，那么核心词就要定位为"通过"，而不是"获得认可"，因为后者大概率会让这件事情成为他人主宰的事，而非由自己所控制。

自始至终，选择使用表达自己主观目标的动词。

传递信息，抓住关键词足矣。选择明确合适的动词，用准确的语言集中归纳。

如果你表达能力不佳，一定要时刻提醒自己记住这一方法。

"我们"一词的魔法

当你和朋友吵架了，想与朋友和好的时候，你会怎样主动和朋友交流呢？

"对不起，非常抱歉，我反省，是我的错。"然后不停地说"对不起"。然而，这样做，并不能让两人和好如初。

因为，在对方心目中，这种方式的道歉完全没有诚意。而且如果你啰里啰唆说上一堆，对方会认为你在自我辩解，效果更是适得其反。

两人吵架后，其实双方都会有想要和好的心情。但是，举起来的拳头怎么都放不下来，这才是让人头疼的关键所在。

这种情况下，我们可以采用这样的方式交流：

"我们之间，怎么会走到这一步呢？"

"我们以后，该怎么办才好呢？"

谈话中，使用"我们"一词打破僵局。当你使用"我们"开始话题的一瞬间，对方就能感觉到你是站在朋友的立场，表达出你们两人并没有分开，而是依然是朋友的状态。

如果要让交流对象融入这场对话，有共识，感觉自己与对方属于同一集体，同一团队，此时，可以用"我们"作主语，这样会让谈话进展得更为顺利。

"我们"一词，能促成交流的对象产生当事人意识。

美国前任总统奥巴马，在演讲中经常使用"我们"这一表达。

在考验个人领导能力的总统大选中，奥巴马多次使用"we（我们），our（我们的），us（我们），ourselves（我们自己）"等表达，成功地激发了有权阶级的主人翁意识，最后获取了巨大成功。

口才不佳也没有关系，只需要与对方交流时会灵活运用"我们"这一表达。

即便是公司内部小范围会议，使用"我们今后的规划""我们下一步的计划"等表达，均有助于培养参会人员的主人翁意识。

相互交流中，要努力促成交谈对象形成同一团队的集体意识。

避免使用第二人称复数

与之相反，第二人称复数"你们"一词，则是在交流中要尽量避免的表达。如有需要，尽可能使用第二人称单数的"你"，而不要使用"你们"。

这是一位大学老师教给我的经验。很多人在招呼别人时习惯使用"你们各位""你们"等表达。尤其是在上课时，很多人在交头接耳说话，此时，教授经常会使用"你们不要说话了！"以示提醒。

但是，奇怪的是，第二人称复数的"你们"，和第一人称复数的"我们"不同，不但无法促成当事人主体意识形成，反而还剥离了听话对象原本有的当事人意识。

当听到对方喊"你们这些人"时，听众只会想到"除我之外还有其他人"。与其说"你们不要说话了"，不如直接点名"你，不要说话了"，后者明显比前者更具有语言冲击力。

当着众人的面，如果需要特别提醒某个人，最好直接使用第二人称单数"你"。如果要让效果更明显，还可以这样说：

"你，你可能正犯困想睡觉，你可能觉得麻烦，你可能觉得忙碌不堪想抱怨，估计大家都有很多不满。但是，这个课题，依然需要大家同心协力努力完成！"

如此一来，"你"就变成了具体所指，然后就可以将任务一一安排下去了。

最打动人的语言是名字。

不用人称代词称呼，而是直接使用名字，会让交流对象融入其中，并且让参与者自然产生当事人意识。名字本身，就是具有神奇魔法的语言。

总而言之，请记住有效使用名字的方法。

通俗易懂三段论："举例说明"
"具体而言""总而言之"

"请大家依次进行自我介绍！"

演讲时，我们往往会遇到这样的场景。有不少人认为，一分钟时间太少，能说的内容有限，至少要给三分钟左右的时间。但是，电视新闻播放一个事件，时间一般控制在 70 秒以内。如此想来，一分钟的自我介绍的时间并不算太短。

很多口才不佳的人担心的，大多数并非语言表达本身，而是发言内容抓不住重点，说话不着边际，内容冗长，导致最后让人不知所云。

据说人的注意力，最大限度只能维持 3 分钟左右。毫无意义且长达 4 至 5 分钟的发言，不仅无法让听众保持兴趣，甚至还会激发出反感情绪。

"标记"发言内容

很多人都会不知不觉发言时间过长，无法言简意赅表达。

此时，建议大家在发言过程中，加一句"接下来我要谈的是某话题"，像这样有意识地在自己的发言内容中给出标记。这种标记，主要分为三个层次。

1. 打个比方

说出"打个比方"之后，就可以切换到与之前内容完全不同的主题，开始举例。如此一来，之前随便听听的人，可能因为这一句标记的提醒，开始认真倾听发言。

"打个比方，如果将人生比作绘画颜料，那么人年轻时用到的要么就是纯粹的红，要么是单纯的绿。但是，随着年龄增长，就会用到灰色、黑色、玫瑰红等颜色。也就是说，随着年龄不断增长，人生这个调色盘上的颜色就会越来越丰富多彩，而绝对不会是一团阴暗沉闷的样子。"

通过比喻进行说明，发言内容就变得更加浅显易懂。之后，每当我讲课或演讲结束后，通过问卷调查问大家"对什么内容印象比较深刻"时，许多人都提到了"打个比方"这一部分。我想，这大约是比喻本身可以独立存在导致的吧。

在适当的时候，我常常使用"打个比方"这个技巧来加深听众的印象。

2. 具体而言

"具体而言……"这句话本身，就包含着一种"简单说明一下"的意思。当你的发言中持续出现一些抽象的内容、概念，听众感到不耐烦时，就可以适当用这么一句："具体而言……"

"提高组织的透明度。具体而言，就是多和周围的人交流。沟通交流的次数越多，组织机构的透明度就会越高。"

通过"具体而言"举出的例子，简洁明了。听众一听，立刻就能明白。

3. 总而言之

"总而言之"，是对之前发言内容的总结。这个总结标记用来提示听众："只需听懂这个结论即可"。

"总而言之"这句话，如果能运用自如，那么无论演讲时间长短，听众都能领会到发言主旨。如果发言内容较长，用"总而言之"标记，能在加强语气的同时，再次强调自己要表达的主题。

如果发言内容太长，自己在发言过程中感觉不自信的话，该怎么办？

当然，首先你要进行精简发言内容的训练。但在此之前，加强对"打个比方""具体而言""总而言之"这三个标记的使用，能帮你向听者展示你发言所要表达的内容。

当你持续进行这项训练，你会惊奇地发现，你的发言变得更加言简意赅。

在发言过程中，通过标记，能帮你向听众展示清晰的语言逻辑。

排比句的充分运用

每一次在我读到关于传授"语言表达"诀窍的内容时，特别会提示这一点：避免句子末尾重复同一个词。这是因为，用同一个词语结尾，会让全篇听起来单调且重复，让人感觉乏味。

也有不少人提醒我，要尽量避免稿件中重复使用同一个词。

"蜑田君，你看你这篇文章，里面这个部分：与上司和部下多沟通，与不同行业的人多沟通，与家人和友人多沟通，全部都重复使用'沟通'这个词呢。文章句子末尾避免重复，尽量选择有点变化的不同措辞，这不是写作者的基本常识嘛。你这样写，感觉水平还有待提高啊。"

书面表达与口头表达　受众不同要求不同

的确，书面表达中需要避免使用重复的语句表达。但是，演讲稿是为了能大声宣读出来。即便句子末尾使用同一个词，也会因力度强弱、声音高低、停顿节奏等因素，呈现出各种不同变化。

因此，演讲稿的写作，句子结尾重复采用同一个词时，反而会赋予语言以节奏感，增加语言表达的气势。原本字面上看起来略显幼稚的言语重复，在口头表达时，反而成为一种优势，能加深听众印象。

例如，看下面这个例子。

"此次海报的设计，我推荐B方案。B方案的商品感觉更有气场，表现得更有趣，能激发消费者购买欲。代言人的笑容也给我们留下很好的印象。"

如果以上这个表达换成下面的方式：

"此次海报设计，我推荐选择B方案。首先，气势，B方案具备。其次，趣味性，B方案具备。再次，代言人的观众缘，B方案具备。所有 A 方案中所缺少的要素，B 方案中全部都具备。"通过这样反复排比强调"B方案具备"这一要点，这正是给听者留下深刻印象的关键。

最著名的排比重复"我有一个梦想"

1963 年 8 月 28 日。

年轻的黑人牧师马丁·路德·金，在追求工作与自由的华盛顿大道大游行的过程中，曾经做过一次非常著名的演讲：《我有一个梦想》。

"我有一个梦想。我希望我们的国家能奋起，实现立国信条的真谛：人人生而平等，是不言而喻的真理。"

这位黑人牧师，在演讲中反复强调"我有一个梦想"，重复次数多达 8 次。

此外，"一百年后的今天，黑人依然没有获得自由，依然悲惨地蹒跚于种族隔离和种族歧视的枷锁之下"，"一百年后，黑人依然生活在物质繁荣瀚海的贫困孤岛之上"，等等。

"一百年后"这句话则在排比中连续出现 4 次。

而且，还有"现在是时候了，是实现我们民主主义诺言的时候。""现在是时候了，该走出幽暗荒凉的种族隔离的深谷，踏上种族平等的阳关大道。""现在是时候了，该让我们国家走出种族不平等的流沙，踏上充满手足之情的磐石。""现在是时候了，该让上帝所有的孩子真正拥有公正。"在马丁·路德·金的演讲中，还多次出现以"现在是时候了"开始的排比。

许多著名的演讲，都使用排比进行强调。

通过眼睛阅读的"书面表达"，通过耳朵倾听的"口头表达"，两者的受众需求之间存在差异。在书面表达中，重复语句的运用或许会让人感觉单调乏味，然而，在口头表达的情况下却未必如此。

当然，我们也要避免类似"我自己认为""我个人觉得"等缺乏自信的语句，以防显得太过幼稚。

增强可以传递情绪力量的词汇

这或许是所有语言的共通之处。有种说法认为，随着时代的发展，人与人的沟通语法大概率会日趋简化，沟通涉及的词汇量也会不断减少。

世界的变化日新月异，但当我们阅读夏目漱石和森欧外等作家的文学作品时，依然会感到吃力。究其原因，是因为他们的作品中词汇量和表现力过于丰富，我们单薄有限的语言表达很难跟上作者的思路。然而，我们必须意识到，类似"玩完了""恶心死了""好可爱""烦死了"这种日常表达，并不是"放之四海而皆准"的万能语句。

如果我们看到的美食节目，所有成员只会反复用"好吃""好吃得不得了"这两句话形容美食的话，恐怕大家会立刻换台吧。

词不达意，往往其中原因之一就是有效词汇量太少。

词汇量与感情表达需要合理安排比例

同样是表达"愤怒"，"忍无可忍"就能表达出已经到达忍耐极限，无法再忍的情绪。这个词可以充分体现出一肚子火的那种怒不可遏。

而"气鼓鼓"一词，则倾向于描述情感，主要体现在胸口和心脏部位有反应。

"气炸了"的话，则是强调描述感受。形容脑袋的神经短路一样，火冒三丈，并不存在忍耐这一过程。

那么，到底是什么状态的生气呢？是"怒发冲冠"，还是"义愤填膺"，抑或是"火冒三丈"？

把握文字的细微差异，就能准确表达出自己的愤怒的程度。

向人道歉的场合，道理与之相同。

一方道歉时只会用"对不住""对不起"等最简单日常词汇，而一方则用"实在是非常抱歉""全因我考虑不周""实在是惭愧至极"等表示最大程度歉意的语言，两者比较，显然就能感受到诚意上的差异。

或许会有人认为"实在是惭愧至极"这类表达，平时根本就不会用，因此不重视，这种想法是不可取的。因为职场中，人们不会关注你日常生活中的语言表达。

事实上，在你所就职的公司，需要学会使用"最高级别的道歉表达"，这一点非常重要。了解掌握好这类语言表达，在需要致歉时就能成功获取预想结果。

增加语言词汇输入的方法

想拥有丰富词汇的表达，需要不断的语言输入。

其中，效果最明显的是读书。要让自己的表达水平提高，就要尽量多接触那些常用词汇之外的语言表达，并灵活使用。

在与不同行业的职场人士交流时，我发现词汇量最丰富的人是小说家。小说家的语言词汇量非常丰富，其丰富程度远远超过学者和政治家们。因为小说家的职业，就是要生动描述在人们的脑海中显现出来的真实故事。

例如，谷崎润一郎在《阴翳礼赞》一书中提到，有关夏目漱石的一件趣事。夏目漱石家厕所距离房子的正屋比较远，他特别喜欢去那里如厕，并以此为乐趣。

为什么喜欢去那里呢。谷崎润一郎是这么描述的。

"在如厕时，感受到腹部通畅无比快感的同时，看着厕所那面静静的墙，周围木头的清晰纹理，抬头看看蔚蓝的天空和嫩绿的树叶环绕，实在让人心旷神怡。"

一瞬间，在大自然里如厕的舒畅心情，从厕所里欣赏到的自然美景便跃然纸上。

"静静的墙""清晰的木头纹理""蔚蓝的天空""嫩绿的叶子",将这些能感知到颜色和气味的词汇巧妙地排列组合。于是,这大自然中的厕所的画面,便呈现在我们眼前。

我曾经有教小学生们增加词汇量的方法。我要求他们多多记忆一些词,比如公园里各种游乐设施的名词、花草的名字、鱼的种类,等等。当然,如果对象是成人,光做到这点还不够。

不只是单纯机械地记忆名称或动词,还要记住那些能促使对方脑海中浮现出具体场景,并能生动描述这个场景的词汇及语言表达。

不只是记住"木纹",而是记住"脉络清晰的木纹",这样的语言更能增强描述事物时的表现力。

不只是记住一句"好吃",而是记住"味道丰富",或者更进一步,记住"口齿留香""风味独特""味道醇厚"等表达,这样,今后的"可选用词汇"就大大增加。

当然,增加词汇量并非仅阅读这一种方法。

我们可以在看电影、看电视剧、看杂志或者浏览网站时,随手记录下来让你印象深刻的佳句,并使其形成习惯。

做个有心人，随时记录下名言佳句，因为"说不定这个词什么时候就能派上用场"。在积累过程中，语言表达能力势必能大幅提高，在传达信息时，必然能达到预想的结果。

自己兴趣爱好之外领域的
词汇学习和累积也是必要的

接触自己平时少有接触的领域，也有助于提高表达能力。

无论是谁，都有自己不擅长的领域。我从小在一群男孩子中长大，因此并不擅长描述女性的服装。比如，我完全无法准确描述出来服装单品的名字、原材料、风格、质感的美，等等。

前段时间我在网站上看到一篇标题为《"+浓密色"新风潮，graybeige 风靡全球，完美释放成熟魅力》的文章。

看到这篇文章时，那个英文单词明显让我费解。于是，我向喜欢流行时尚的人请教，对方告诉我这个词是"gray"的灰色加"beige"的浅褐色两个词语合成，指的是"浅驼色"。

当然，如果我以自己不懂女性时尚为理由放弃学习，必然就会失去提高语言词汇量的宝贵机会。

女性杂志 词汇的宝库

很多杂志网站都有关于最新流行时尚方面的描述。在不断了解流行时尚杂志和网站的过程中，之前在我脑海中还很模糊的女性时尚方面的表达，我基本上掌握了解到大致的轮廓。

后来我又在网络上看到这样一篇文章："演讲发言、聚餐、女子酒会，'上衣搭配高下立分'，针织衫绝对首选。"我不禁想，"上衣搭配高下立分"，怎么就能通过针织衫来实现呢？

仔细阅读后，才发现文章具体写的是："在公司高层出席的会议上演讲发言时，建议穿 V 领的针织衫，通过露出锁骨，可以展现出女性的独有魅力"，我这才恍然大悟。服饰搭配的细节都考虑得如此周到，实在是让人感慨。

在了解到这个知识点后我再去观察，果然发现了很多完美融合了职场的硬朗与女性的柔美的服装搭配，这些都在我脑海中留下了深刻印象，也拓展了我的语言表达范围。

我曾收到过这样一封邮件："上次见面时，我穿的 ONE MILE 太随意了，抱歉。"这封邮件是女同事发给我的，她住在吉祥寺附近，当时我们只是在街上偶然遇到。

平时上班时，她都穿着十分干练的职业套装。偶遇的那天，她穿着牛仔裤，搭配长靴。虽然是住在附近，但那天的穿着，并不是在附近超市买东西的休闲装扮。我这才明白，原来这就是"ONE MILE WEAR"（离家一公里范围内）的风格。又学到了新的知识。

随着劳动方式改革的不断深入，职场人士的夜间聚会变得频繁起来。白天穿职业套装，晚上聚会怎样穿着得体成了问题。毕竟，不可能回家换好衣服再去，也不能就穿着这么朴素的职业装去参加聚会。

随着时代的发展，新的时尚不断产生，人们将华丽时尚的元素低调地隐藏在朴素的职业外套里。仔细观察一下，你会发现，职场女性往往都穿着一身套裙，既得体又很时尚。

努力将人的行为活动通过丰富的词汇描述出来，有助于提高语言表达能力。

抛弃先入为主的偏见

前文所举的例子，虽然只涉及女性流行时尚领域，但我认为，其他任何领域也完全适用。

在与人沟通交流过程中，不要只考虑自己的喜好。沟通最重要的目标，是向对方准确传递自己要表达的信息。

"我在汽车方面完全是一窍不通"，如果开始交谈时第一句就这么说，就相当于拒绝了与汽车爱好者交流的机会。当然，与之相反，即便自己再怎样喜欢钢笔或文具之类的东西，当对方表露出完全没有兴趣，就尽量不要讨论这个话题。

与人交流时，尽可能避开自己不擅长的领域。至于美食、普拉提、钓鱼等话题则可以尝试通过杂志或者网上冲冲浪来了解。等你养成这种习惯后，那些原本你一窍不通的领域，也能大致了解些皮毛。

语言表达能力的提高，需要日复一日的学习与累积。

倾听能力的培养　就是语言能力的修炼

许多获芥川奖的作家，大多只是昙花一现。其实，这种情况也并不算什么特别意外。这里，暂且不谈作品是否畅销。无论是谁，通过一部小说能写出一个精彩故事，他的才华必定是毋庸置疑的。

等到作者的第二部小说，他或许还可以用剩下的储备素材继续进行整理创作。但是，等到他的第三部、第四部小说，作者的积累和经验储备已经濒临枯竭。江郎才尽，最后只能停笔。当然，即便如此，这个领域依然不断有新人出现，有新的作品风格涌现。

首先，我们要进行自我反省，我们的肚子里到底还有多少墨水，多少素材，多少储存，然后不断地与他人交流，倾听他人的故事。实现由"希望你听我说"到"希望你讲给我听"的大转变。只有这样，作品创作的范围才能迅速扩大。

辨析三种不同类型的"听"

要想不断提高语言表达能力，持续的输入是必不可少的。但还有一件事同样重要：有意识地聆听他人说话。

听有三种："听闻""聆听""打听"。

"听闻"，指在没有意识到事物存在的情况下，有声音传入了耳朵。因此，主要侧重用于听到"声音"的场合。

"聆听"，主要是听音乐、听讲座，表达积极主动、有意识地倾听。

最后一个"打听"，主要指在遇到疑问时寻求解答，想弄懂自己搞不懂的事。

事实上，很多人在会议室里听别人讲话，只是漫不经心地听别人讲话时的声音而已。

希望大家一定学会掌握这样的倾听能力：在思考对方讲话的同时，认真聆听讲话内容，遇到不懂的情况提出疑问并打听清楚。

在他人讲话过程中，不要处处反驳

在讲述"倾听能力"部分时，我常常用棒球拍与棒球手套来举例说明。

有些人，一听到别人发表意见就想着如何反驳，就像打球一样，习惯性要用球拍打回去。这种类型的人，往往在对方讲话过程中并不会仔细倾听，而是寻思着如何驳斥对方。

当对方发言时，他们既不会去找共鸣，也不会补充意见，而是一门心思想着反驳对方，如此方能让他们感到心情舒畅。这样的对话模式，是很难将话题讨论深入下去的。

认真倾听对方的每一句话，领会对方的意思，视线关注对方，感受对方的情绪，理解对方的用意，在此基础上反馈。或者更进一步，要求对方告诉我们更多想要了解的信息。

这才是真正意义上的倾听能力。

作为演讲稿撰稿人，我们不仅要接收对方传递来的信息，还需要充分"领会"对方的发言，就像打棒球，努力用棒球手套去接住对方发过来的球。

要通过深刻思考和用心感受，领会对方语言表达的热诚和深度。因此，要充分学习如何感受对方的气息。

倾听能力＝归纳能力

我推荐大家进行一项训练：每次听他人发言时，尝试用简短精炼的语言进行总结。

在会议开始时，先用一分钟简短提示一下上次会议的主题。在会议结束后，再用一分钟总结本次会议的主要内容。

如果要提高语言应用举一反三的能力，首先，必须准确地掌握信息。无论是阅读书籍，还是看视频，试着将所见所闻用自己的语言进行总结。

当我们持续努力训练，倾听力必然获得提升，头脑思维也会更加清晰，语言表达能力在这一过程中自然就会得到锻炼。

一个人所掌握的信息是极为有限的。

重要的是，我们要学习如何从外界获取有益的信息。如果不提高倾听能力，想实现语言输出水平的提升是不现实的。

专栏 2

发言时要有气场

日语中"剑幕"一词，用来形容人气势汹汹、十分愤怒的样子。

这一词的词源，来自"见脉（kennmyaku）"。因为人在愤怒的时候，脉搏跳动往往很快。后来在此基础上，汉字表达演变成了"剑幕"。

这一词的字面意思，就是拿着剑猛地刺向帐幕。我们完全可以在字里行间，感受到这种愤怒的激烈程度。

如今，人们对职场霸凌的容忍度变得越来越低。因此，我们甚至已经很难看到气势汹汹、怒发冲冠的场景。但是，我们的生存环境却并未因此变得更容易呢。

由于内心积蓄的不满与牢骚，不能以愤怒的形式获得释放，于是，人们将情绪发泄到了网络上，网上的恶意评论、仇恨言论愈演愈烈。在面对自己无法理解的对象时，就直接进行人身攻击骂人家傻瓜，然后一骂了之就跑了，这种现象

请开始你的演讲

正在不断蔓延。

　　然而，无论怎样通过网络来逃避现实，现实世界中"让你不得不生气的情况"并不会因此而减少。因此，我们一定始终要记住，"该战斗就要战斗"，愤怒情绪有时必须明确表露出来。

　　在我的学生时代，曾非常流行这样一句话："可别小看我"。这在当时，大多是一些不良少年的必备口头禅。现在再回头看这句话，的确让我受益匪浅，深受鼓舞。

　　当考试成绩不好的时候，不是自怨自艾"哎呀，我完蛋了"，而是脑海里首先给自己打气"可别小看我"。曾经我有位朋友，对我说了些非常过分的话，然后与我不再往来，当时我虽然感到很伤心，但这句"可别小看我"却让我依然能保持坚强。

　　第二次世界大战后，以"怒斥麦克阿瑟的男人"而出名的白洲次郎，当时那句名言就是"等着瞧吧"。

　　我们的内心需要一些能进行自我激励的、有气势的语言。

　　所谓绅士，并不是指的不发脾气。绅士，是能控制脾气的人。有时候，抱有任何事都尽力和平解决的想法，强制压抑着内心的愤怒，最后的结局只会招致他人的轻视。愤怒这种情绪，发挥着"锚"一样的功能，能让我们掌控话语权，展现自我的存在感。

要避免他人的轻视，说话必须要拿出一定的气势。

这种气势并不是指的大声叫骂、面容狰狞。而是在表达反抗、反对等意见时，不是云淡风轻，而要据理力争。

这种气势，也并非怒发冲冠、火冒三丈的表达，而是全身热血沸腾的感觉。

我们可以尝试一下，便能领会这种感受。同样一个意见，说话有气势，据理力争、有理有节地表达"我无法接受"，与单纯怒气冲冲地说"我无法接受"，两者虽然表达的意思相同，但是讲话的分量却有着很大差异。

表达感情的语言，需要配之以合适的情绪表达。如果可以实现这一点，即便发言简短，措辞平和，并没有激烈地挑衅，你的愤怒情绪依然能准确传达给对方。

我的上司，经常用到一个词，就是"胆识"。

"胆量"和"知识"合成就是"胆识"。要获取他人认同，仅仅有"知识"是无法办到的，只有"胆量"也是难以成事的。唯有"胆量"与"知识"两者兼备，才能成功获取他人认同。

请开始你的演讲

有一次聚餐，酒席间有人给我下了一个结论："虽然很有学识，但是没什么胆量。"而且，对方还很郑重地在新年贺卡上面写着"胆识"二字赠给我。

非常感谢这二字赠言。每次，遇到陷入僵局的商务谈判或气氛紧张的演讲发言时，我就暗暗进行自我激励："胆识！胆识！"然后我就会感觉到热血沸腾，情绪澎湃，慷慨激昂起来，就像给原本漂浮不定的情绪中投了一个定心的"锚"一样。

发言之前，做深呼吸，并小声对自己说一句"可别小看我"。这种状态下的发言，与缩手缩脚、毫无底气的发言相比，效果差异相当大。对于平日里口才不佳的人，这个方法非常值得借鉴。

年轻人上台演讲发言，往往会有这样的评价："虽然很直接也很亲切，但是就是感觉没有什么气势。"

总而言之，我们需要学会在语言表达时，拿出"气势"。热血沸腾地进行自我鼓励："可别小看我。"同时，在不断拓宽知识面的同时，多多磨炼自己的"胆量"。

发言设置标记技巧
信息传递效果出乎意料

发言设置标记　沟通效果迅速提升

开始从事演讲稿撰写工作后，为学习掌握相关技巧，我听过大量演讲。只要有时间，我就在各类视频网站上找不同类型的演讲资源来学习，无论是政治家在聚会时的演讲，还是小学生参加比赛时的演讲，都会成为我的参考。

当然，这些演讲，水平参差不齐。

有的演讲，完全让人不知所云，毫无逻辑可言；有的演讲，听的时候让人感觉是左耳朵进右耳朵出，完全没有任何记忆点；也有些演讲，让人印象深刻，深受感动，即便在很久之后，依然能深深刻在听众脑海里。

发言过程中设置"标记"

在听了很多不同类型演讲之后，我发现，那些口才好的人，他们的发言往往有很强的节奏感，带有明确的主题"标记"，就像在平静的湖面，露出水面的石头标记一样。

我将这种记号，暂且称为："语言标记"。

里程碑，原指为到达目标终点在固定节点所设置的标记。口才好的人，通常都会在发言内容中设置让发言流畅通顺的标记。

而听众，在听到标记的时候，就知道：接下来要进入下一个话题了。设有标记的发言，和没设置标记的发言，两者之间的易懂程度完全不同。

那么，什么是语言标记呢？其实，大家所熟悉的"起承转结"就是其中标记方法之一。

演讲，要灵活运用到这一技巧，才能吸引听众。在此，我们举例说明。

这是一位宣讲教师讲述的关于美国前总统奥巴马的故事。

【起】2015 年 6 月，美国一名来自南卡罗来纳州查尔顿市教会的白人青年，射杀了约 9 名黑人。

【承】出席死者葬礼时，奥巴马在致悼词的过程中，突然停下来，沉默了很长一段时间。

【转】在漫长的沉默之后，奥巴马总统郑重庄严地开始唱诵《神的恩典》一曲。

这首曲子讲述的故事很有深意：曾从事海上奴隶贸易的船长约翰·牛顿，经历人生种种际遇之后，认罪改过，洗心革面表达悔恨与感谢之情。

【结】在奥巴马总统的感染下，全体参加葬礼的成员完成了这首歌的大合唱。

这首曲子，给当时完全陷入绝望的教会，照进一缕阳光，似乎让人看到"福音"。

起——陈述事实。

承——描述展现出具体的场景。

转——一改之前的话题，让人们的情绪发生反转。

结——运用了鼓舞人心、让人感动的语言表达。

我猜想这段讲话，大概设置了"起承转结"的标记，这段演讲实在非常精彩。

在听了大量不同类型的演讲后，我发现，无论哪种 / 何种主题的演讲，他们发言的过程中都有用到"起承转结"这一标记方法。

古往今来，无论东西，总结概括那些鼓舞人心打动人的演讲的技巧，也许最终都可以归结为"起承转结"吧。

"语言标记"设置，适用于所有场景发言

当我意识到语言标记的存在之后，我开始尝试去分析各种结婚典礼中的演说。

也尝试去了解我所从事的广告专业领域中，是否也存在着某种规律。

此外，我思考是不是报告发言、演讲发言，以及日常交流谈话也是按照语言标记的指引进行的呢？怀着这样的疑问，我听了很多的演讲。最终让我找到一种口才不佳的人也能使用的方法。

通过观察学习，最终我总结出"语言标记"设置的三步法。

运用这个方法，在演说时，就不会出现中途忘词或偏离主题的情况，就能始终如一，真正实现"信息传达"。同时，还能收获听众的共鸣、认同，甚至让听众深受感动。

根据不同场景需要，搭配与之适用的三步语言标记。只要达成这一点，你就会发现，即便自己口才不佳，你想表达的内容，也能十分顺利地传递给听众。

当你意识到标记的存在，并有意识按照语言标记进行演说，你会发现，不仅你想要表达的意思能顺利传递给听众，同时还获得了一个客观观察自身的机会，甚至，在日后当众演讲时，即便口才不佳，也不会再感到紧张拘谨，能以更轻松自如的状态应对。

此外，你可以在持续锻炼中，逐渐掌握分析他人发言的能力，这又能进一步提升你的语言表达能力。

对此，我强烈建议大家在了解到相关实际案例的同时，一定要尝试一下，将这种标记法运用到自己的发言中。

你的表达能力，会因此得到不可思议的快速提升。

汇报工作的标记"状况""内容""感情"

接下来让我们来观察一下，如何设置具体的发言标记。

首先，我们来看如何做报告。在许多主题是"表达力""沟通力"的书中，经常教我们的一种方法就是"先说结论"。然而，在实际生活中的大多数情况下，当对方处于极其繁忙的状态时，跟对方突然谈及"结论"，很难达成实际的沟通效果。

那么，该如何是好？接下来，我给大家介绍，让听众能感觉到"清楚明了"的"报告标记方法"。

"报告标记"的基本结构，就是由"状况""内容""感情"三个部分组成。

接下来，我们结合以下例文进行分析。

> 标记【状况】（何时、何地、何人、何事）
>
> 内田局长，打扰了，您现在方便吗？现在向您汇报一下，去 KASHIMARU 电器公司的时候，宣传部山崎部长，给我发来一份关于前段时间产品宣讲结果的报告。
>
> 标记【内容】（结论与对策）
>
> 我们公司输了，B 公司赢了。
>
> 我咨询具体情况时，山崎部长告诉我，相对而言，我们公司的创意更好，但是，B 公司却提供了符合

KASHIMARU 公司成员们所期待的能力。由于 KASHIMARU 电器公司对我们公司创新方面评价很高，考虑到公司未来的发展，电器公司还是为山崎部长安排了与我们创意工作者交流的机会。

标记【感情】

内田局长，这次未能达到目标，实在是有负期待，非常抱歉。我也感觉非常遗憾，昨天一晚上都一直心有不甘无法入睡。但今后，我们一定努力事先掌握了解对方的相关信息，争取下次拿下其他相关项目。

如何？这样在报告中设置好标记，然后详细进行说明。

标记【状况】

首先，先汇报情况。

正如前文提及，在上司极其繁忙的情况下，突然做报告提交"结论"并非上策。这种方式显得非常唐突，粗鲁生硬。对方根本都不了解基本情况时，就啰唆说一大堆，根本毫无效果。

首先，我们想想《桃太郎》的故事开头，第一句就是"很久以前,在一个地方,住着一位老爷爷和一位老奶奶"。像这样,寥寥几句就交代清楚了"4W(何时、何地、何人、何事)"这几个基本要素。

标记【内容】

通过 4W 报告基本情况,然后汇报具体"内容"。

这一部分,需要报告结论和理由、根据、对策等相关内容。

报告时切忌找借口。难以表达的内容,先暗暗提示自己"长话短说",然后开始报告才是关键。在这句话的前提之下,就能很容易导入"结论"的部分,清楚明确将事情汇报完毕。

标记【感情】

内容汇报完毕后,工作并未结束。与文字书写的"书面报告"不同,口头报告往往是面对面进行,因此在做结论时,有必要表达出自己的个人感受。

此时,最关键的是,"体察对方的想法"-"表达自己的想法"-"展示对于未来的想法",依次按照以上顺序,表达出喜悦之情或抱歉之意,或遗憾后悔的情绪。而且,关键有一点要记住：最后一句话，一定要加上自己对于未来的展望。

事实上，汇报工作的失败并非好的体验，胆小怯懦的人迟迟不敢去汇报，表达能力不佳的人汇报时又容易显得生硬唐突。但是，如果在报告工作时，按照"状况""内容""感情"这三项设定好的语言标记有序推进，那么发言时词不达意、吞吞吐吐、表达不顺的概率将大大降低。

反对意见的标记"确认""接受""提议"

很多人都有这样的想法：害怕别人提反对意见，所以不想当众发表看法。

很多人在开会遭遇反对意见时，往往会认为自己的人格因此受到否定，然后就一味沉默……

对此，只能长叹一声："日本人实在太害怕反对意见了。"

很多人一旦遇到有人提出反对意见，就容易感情用事。在成年人的谈话中，我们应该避免这样的处理方式。我们要意识到，无法应对他人的反对意见，是很正常的事，大可不必因此心情沮丧。

日本人往往欠缺讨论的技巧，很难在语言与语言针锋相对时，打开新的话题切入点，寻求更理想的解决方案。因此，我们需要从现在开始学习。

本篇将与大家分享：即便在讨论中处于劣势，依然不会输场的"提出反对的三步标记法"。

·在发言的过程中，我们可以设置以下三标记："确认""接受""提议"。

·接下来，我们来看具体示例。

·场景：大学职工大会

·议题：是否允许学生在教学过程中使用智能手机。每个老师站在自己的立场提出了不同的意见。

·会议进行中：你提出了"智能手机使用的禁令应该解除"的意见，赞成学生使用手机。此时，立刻有人表示强烈反对，以"如果允许使用的话，学生就有可能用来玩游戏或者用社交软件""学生容易注意力不集中"等理由来反驳你。

面对对方提出的反对意见，该如何进行反驳呢。你可以一边仔细思考自身情况，一边阅读以下例文。

标记【确认】（对方意见）

永光君，我明白了，你刚才所提意见指出了三大问题。

首先，就是"区分"。授课过程中，学生使用手机，到底是在玩游戏或发邮件，还是在用手机查阅不懂的地方，无法区分是第一点。

其次，就是"注意力"。你的意见是学生在教室里坐着，就应该集中注意力听老师讲课。

最后，就是"公平"。你认为有的人带智能手机，有的人没带智能手机，两者之间存在着学习能力的差异，这种结论有点难以理解。对此，我持保留意见。谢谢你提出意见。

标记【接受】（接纳对方的意见）

刚才永光君所指出的"无法区分""分散注意力""有失公平"等问题的确存在，很有道理，我非常赞同。

标记【提议】（自己的意见）

在永光君所提意见的基础上，我想再次就授课过程中的智能手机使用提点自己的看法。

随着 AI 的不断发展，人类需要学习的内容已经发生了质的变化。正如我刚才所提出，时代在持续变化中，我们不能再对智能手机的使用采取片面的敌视态度。我们需要考虑的是，在人们普遍使用智能手机的情况下，如何组织安排我们的教学。

而且，就刚才永光君提出的三大问题——"无法区分""分散注意力""有失公平"，我建议可以采取以下措施。首先，设置课程时限定课堂学生人数，学生使用手机的情况就可以一目了然。其次，可以开展小组讨论型的课程，全体可以放开参加讨论，以提高课堂注意力。再次，如果学生需要使用智能手机，学校方面是否可以考虑提供手机租赁服务，我觉得也是可以探讨一下的。

我认为，我们不能满足于现状，要不断向前看，不断去推动学校教育以适应未来社会发展的需要。从这一点来看，我认为应该抱着积极乐观的态度，共同讨论一下智能手机使用的有利因素。

以上应对反对意见的方法如何？是不是感觉很大程度上也对对方意见表示了赞同呢。的确如此。在日本，抬高音量，抓住对方只言片语的漏洞不放，吹毛求疵，只会让人感觉好像是在提反对意见。然而，这样做并不**抓住人心**是有效反驳，只是口角而已。

有效反驳他人，是要在充分理解对方意见的基础上进行发言。为了更好地达成有效反驳，整个过程需要分为"确认""接受""提议"三步骤。接下来，我们进行详细分析。

标记【确认】

当自己所提意见遭遇他人反对时，不要急着立刻回应。首先，冷静地将对方的意见重新复述一遍，通过复述，表明"我有认真倾听你的意见"。有趣的是，这种表明自己是认真听取了意见的态度，会让对方产生挫败感。接下来，你就可以有条不紊地继续发言了。

记住对方所提意见的技巧，只需找到可以总结对方内容的三个关键词即可。

无论对方长篇大论也好，寥寥几句也好，理解并抓住发言的核心，将其归纳为三个关键词。只需要做到这一点，就能给对方留下"认真地听取了意见"的深刻印象。

标记【接受】

"确认"的下一步,是"接受"。

接纳对方所提的意见,表达"的确如此,你刚才发言所提到的理由,我认为有一定道理"的态度。

然而,"接受"并不是遵从对方的意见。这是一种发言技巧,目的是要证明:在认真听取对方意见基础上,进一步说明自己的意见更有道理。

标记【提议】

在完成"确认""接受"的步骤之后,再对反驳意见发表自己的看法。但是,此时如果仅仅只是回嘴反驳,会导致对方情绪激动。因此,在对方所提意见的基础上,提出新的方案,采用这样的方式来回应。

面对"反驳"时,不是简单以"反驳"回应。遇到反驳意见,采取"提议"方式回应。

如此一来,对方相应也必须提出其他方案。如果对方执着于相互驳斥、互相揭短,是不具备提出方案能力的。最后,他们应该会逐步趋向于赞同你的意见。

将对方所提的意见纳入自己的发言内容中，充分领会并再现核心，然后再提出有建设性的提议。通过"提议"来推动整个会议不断深入的人，才是讨论的引领者。

这种应答，不仅能有效压低对方的气势，还能表现出自己接纳意见的大度。

回应"反驳"时，不要立刻去否定对方的看法。在冷静客观分析对方意见的基础上，陈述自己的意见。

让我们从今天开始抛弃这种低级应答做法：一旦遭遇别人反驳就头脑一热，生气地立刻驳斥回去。

广告宣传的标记 "烦恼""优势""保障"

目前，我主要从事的是演讲或者记者会的撰稿工作，在此之前，我有很长一段时间从事的是关于广告制作方面的工作，主要是电视广告以及海报设计等。

广告的本质，就是将一件物品或一个活动的好的一面，有吸引力的一面，标出重点进行强调，而且，广告目的是向广大消费者展示，如果购买某个物品或参加某个活动能带来的价值，例如让生活更幸福快乐、更便捷等。想方设法吸引原本不感兴趣的人，通过充分展示价值优势，以获取认同和共鸣，就是广告。

很多人可能都会认为自己与"广告"一词毫无关系。

但是，如果我们掌握了"广告"的标记方法，无论是商务会谈中推销公司产品，还是在店门口向客户推介商品或服务，在多种场景下都能发挥它的积极作用。

我强烈建议，大家一定要掌握这个方法。

广告的标记，主要有三项："烦恼""优势""保障"。

接下来的例文，主要是关于阅读本书的益处所在，特别推荐新入职一年的公司职员参考。

标记【烦恼】（指出对方的烦恼）

到公司上班后，你很快就会发现，在公司里当众发言的机会出乎意料地多。

学生时代，我们只需与我们同年龄层的同学交流。然而，进入职场后，就必须与公司里不同岗位、不同年龄层的人打交道。而且，从一对一的面谈，到面对众人的宣讲推介，不同场景下的发言都有不同的立场。

要想提升自己的沟通技能，阅读相关的书籍，结果发现书里讲的全部都是些场面话或者相对复杂的技巧，在日常生活中很难派上用场。我猜，你一定希望能有这样一本书，帮你在交谈时让你的观点在对方脑海里"唰、唰、唰、唰"地迅速留下深刻印象吧。

标记【优势】（商品的优点）

这本书，并没有否定口才不佳的人。即使你的表达能力有所欠缺，只要掌握本书提到的方法，也能有效提高语言传达的效果。

例如，想起"今天是商务会谈的日子"，立刻就将"烦恼""优势""保障"这三个词语记好笔记，认真分析思考。让这种行为常态化，形成习惯。只要做到这一点，就能够迅速提高表达能力。这就是本书当中提及的其中一个技巧。

在发言的内容中，做好"标记"，就能将想要表达的意思有效传递给对方，再也不会出现在发言过程中头脑一片空白的现象了。

标记【保障】（强调信任）

本书作者拥有广泛的读者基础，读者对象覆盖各个行业及各个年龄层的人群，从小学生到政治家。作者在广告公司工作长达 35 年，同时还在大学授课，因此，无论是学生心理，还是企业方的想法，作者都非常了解。

每周，作者都给小学生报纸撰写专栏，文章风格通俗易懂。同时作者还开设有相关讲座和研讨会，方便读者可以当场提问。

接下来，我们对广告中的标记进行具体分析。

标记【烦恼】

向人推销某个产品时，首先必须找到对方正在烦恼和感到困扰的事。首先，直接进入困扰对方问题的话题。"您是因为某事而烦恼吗？"写文章时带着这个问题去填充相应内容，就会比较容易发现对方的"烦恼"。

标记【优势】

其次，是"优势"。如果像阐述说明书一样解释，就容易显得过于理性，难以打动对方。当面对面交流时，要热情澎湃地向对方描述"这个产品的优势"。不要不好意思。介绍产品时，胸有成竹充满自信的讲解，更容易获取对方信任。

标记【保障】

最后一项，就是"保障"。

在你满怀自信的讲解中，对方肯定会产生怀疑，质疑："这是真的吗？"

要打消对方的疑虑，获取认可，就要提供"保障"。通过实际的销售业绩、权威认证、售后服务等，充分展示真实可靠的依据来打动对方，反复强调以赢取对方信任。

"广告标记"法中，最重要的是前后顺序的安排。

很多人，由于太想强调产品或服务的优越性，有时反而容易变成自卖自夸，但无论如何自我夸耀，如果无法成功激发对方的兴趣，也是无效。同时，对方也很有可能会因为你的夸夸其谈而选择避开你。

第三章
发言设置标记技巧 信息传递效果出乎意料

　　我们要主动去发现客户正在困扰的事、在意的事、还未察觉到的事。然后，在交流的时候，让客户通过你的推荐，产生"对呀，或许这个能派上点用场呢"的想法。

　　参考广告标记的方法和广告具备的特征，你会发现，许多产品的宣传推介，其基本内容大都是由"烦恼""优势""保障"这三部分组成。

　　例如，我相信很多人都看过以下这个感冒药的广告吧。

　　很多忙碌的职场人士，生病感冒时也很难有卧床休息的时间。（烦恼）

　　这款感冒药，其中所含的〇〇成分，可有效治疗顽固性咳嗽和流鼻涕，同时药内还添加有〇〇成分，可缓解感冒伴随的浑身疼痛和发热症状，是一款适合成人使用的感冒药。（优势）

　　药品的成分、分量、添加物、剂型都符合医疗药品标准。（保障）

　　发现客户的"烦恼"，拉近彼此的距离，突出强调产品"优势"，给出质量的"保证"，获取客户的信任。

　　只要我们在脑海中铭记这一发言顺序，无论是开拓新市场推介产品，还是邀请伴侣去喜欢的餐厅就餐，一切都将变得简单。

而且，当你掌握了"广告标记"的方法，你会发现，这个世界上大量信息的传播方式，都与广告类似。我们不妨参考广告标记的方法，努力提高自我宣传的水平。

演讲发言的标记"共享""秘密""感动"

经常有人拜托我在晚会聚餐或者结婚典礼上致辞。虽然我并不擅长当众发言，但也无法拒绝来自朋友和同事的邀请。这让我非常烦恼。

当然，通过网络搜索范文，我们可以找到许多参考。但是，他人所写的稿子往往体现不出自己的用心。口才不好不是问题，演讲最重要的是能打动人心。演讲内容有瑕疵也无伤大雅，最关键的是：我希望我的演讲能让在场的人发自内心地笑。

演讲的标记法主要有 3 项："共享""秘密""感动"。

接下来，我们以结婚典礼致辞为例来具体分析。下文是

我为大学时代好友写的婚礼致辞。

标记【共享】（只要是参加婚礼的成员都了解的内容）

刚刚进这家酒店，我就听到一楼咖啡休息室传来了悠扬的钢琴声，节奏明快欢乐的爵士乐。在座各位想必刚才也都听到了这段音乐吧。我想大家肯定想法与我一致，此时此刻，演奏此曲，实在是非常完美。

标记【秘密】（出席婚礼的成员才能听到的内容）

告诉大家一个秘密，新郎立花慎太郎，大学时代就曾经组建过爵士乐队哦。他在乐队中负责吹萨克斯。大学时代就是在玩音乐中度过的。

当然，新郎偶尔还和朋友一起喝酒聚会，但基本上次数很少。他本身酒量不好，也没听说他在女孩子中很受欢迎。而且，我可以肯定地告诉大家，他在大学里可是基本上不怎么学习的，这一点我可以作证。

他最大的爱好，就是爵士乐。有时候就为了能练出一个足够长的"长音"，会日复一日地辛苦练习。

为什么他如此拼命，对于立志于搞文学的我而言，实在是一个谜。甚至，有时候我在想，这长音有必要

请开始你的演讲

练得这么长吗？

有一天，我直接向他抛出了这个疑问。直到今天，我依然记得他给我的答案。

"其实倒不是追求长音有多长，主要是找到好的音色。练习是因为必须要让这个音色保持稳定发挥。"

标记【感动】（情绪表达集中在一点）

我和他是同一批进入公司就职的，我经常想起他的这句话，"练出好的音色。然后保持稳定发挥。"每次看到立花君兢兢业业努力工作的样子，我就似乎能感受到全体工作人员努力实现好成绩，创造好方案的氛围。而且，为了保持这样一种努力工作的氛围，我们看到立花君一直都在努力。

真理子小姐，感谢你。我眼中的慎太郎在大学时代就是这样的一个人。虽然有点笨手笨脚，但是，我想，面对未来与真理子小姐共同创建的家庭，慎太郎一定会竭尽全力，做到最好，一直努力让家庭生活保持幸福美满。

他们的家庭生活，一定会幸福美好，长长久久！

立花慎太郎君、真理子小姐，新婚快乐！

大家对以上的致辞作何感想？按照"共享""秘密""感动"这三个步骤，整个演讲发言流畅且独一无二。接下来，让我们具体分析一下标记法。

标记【共享】

"共享"，要选择全体参加者都能进入的话题。

比如，当天的天气或者新闻，来会场之前遇到的事情，等等。总而言之，你所提出的话题，要让全体成员都能感同身受："对呀，我也知道，我也体会到了。"这样大家就都能参与到这个话题中来。

标记【秘密】

当全体参会人员参与到了"共享"话题之后，接下来，就该"秘密"话题登场了。

人们往往都会聚精会神聆听一些自己所不知道的内容，因此，我们谈及的话题要限定在这个场景之下才能听到。寻找话题的题材时，要让听众感觉到庆幸：幸亏今天来了，才知道了这个信息，很有收获。

标记【感动】

最后部分，就是"感动"。

通过"衷心祝贺""诚挚感谢""表明决心"等，将聚会的主角、发布的新产品，以及开发产品的工作人员等联系在一起，很容易就能打动听众。

诀窍就是：紧扣话题核心，不作拓展。上文的结婚致辞例文中，话题的核心锁定在"爵士乐"。随后，后面的会谈进一步缩小，焦点锁定在"长音"练习部分，并且将关键词设定为"找到好的音色，保持稳定发挥好的音色"。

"感动"，就是结合之前谈及的"秘密"，向作为结婚典礼主角的新娘，反复强调衷心祝福。然后，逐步展开未来的家庭生活画卷，就算是演讲成功了。

在演讲致辞的过程中，始终按照这三项标记有条不紊地进行，即便表达不够流畅，也能吸引打动在场出席婚礼的人们。

当然，这一方法，不仅适用于婚礼致辞，也适用于其他各类演讲场景。

例如，化妆品发布会，首先可以谈一谈，不同气候和季节对皮肤状态的影响、坐电车时观察到的女性妆容，探索流行时尚的同时，结合发布会要推介的化妆品开展话题。

首先，先找到出席记者发布会的人们可以"共享"的话题点。

谈到产品发布会时的"秘密"，NHK 的"X 计划"是绝佳的示范，不仅解释了这款产品是如何制作完成的，还叙述了全体工作人员花费了多少心血，在哪些环节差点遭遇失败，又是如何起死回生，等等。

其他，像"商业街 rocket""陆王"等池井户润的作品，之所以备受欢迎，主要是因为讲述的是过去曾经历的苦难。人们往往有同样的经历，很容易产生共鸣。

"感动"，强调当我们拥有了这款产品，世界将会发生怎样的变化。重点描述发布会前后世界发生改变的场景。在这样的热烈氛围中，人们也更容易被打动。

此外，演讲发言时，大多数人都已经提前知道发言的日期以及自己的立场，所以基本上所有的人都会提前做好准备工作。当然，准备工作十分重要，但是还有一点也很重要：演讲当天所观察到的信息可以即兴添加到演讲内容中。

演讲的题材其实非常丰富，往往存在于我们的日常生活经历中。在生活中寻找有价值的题材，通过"共享""秘密""感动"的标记方法展开演讲，不断积累，加强练习，有助于帮你在当众演讲时自信应对。

面试求职的标记"信念""理念""未来"

最开始，参与毕业求职人员的面试时，正好是我刚进博报堂的那一年的 12 月份。

我的好朋友在高田马场经营着一家私塾，主要面向媒体求职人员进行培训，我曾经去那里参观过，那是我第一次参与面试工作。

自那之后，直到今日，在这 35 年间，我指导了大量学生如何规划人生及进行应聘，我指导的学生主要集中在庆应义塾大学、日本大学、明治大学等。

长期以来，我一直都关注着同学们的发展情况。他们有时正逢泡沫经济的顶峰时期，有时则是遭遇就业最艰难时期。同学们的气质也随时代变化发生许多改变，但是，无论时代如何变化，那些获得自己理想企业内定资格的学生，通常都有一套面试发言标记法。

当然，这种方法并不仅限于求职面试，也适用于其他很多场合，例如岗位调动征询意见、与上司的交流，以及各种职位选拔交流等场合。

面试标记法分为三步："信念""理念""未来"。

接下来，我们以取得理想企业内定资格的学生的自我推荐为例进行分析。

标记【信念】（自己一直以来坚持的想法）

大学四年，我一直在体育协会曲棍球社团积极参与各项活动。曲棍球的特征是，去击打时速高达160公里的球，因此常常要追着球移动的方向不断奔跑。有时候，球还会跑到意想不到的位置。然而，遗憾的是，我本身个子不高，奔跑时速度也不够快。但是，这样的我在面对艰难时刻时，始终坚信自己"还可以再向前跑一步"，坚持努力奔跑着。

坚持终有回报。大学三年级的时候，我们社团在全国曲棍球比赛上获得了第二名的成绩。"还可以再

向前跑一步"这一信念始终激励着我不断前进，作为
社团团长，我也将这一理念传递给了全体曲棍球队员
们，靠着这股信念，全体队员在赛场上坚持不懈，努
力拼搏，才争取到了这样的成绩。

标记【理念】（传递对这一理念的共鸣）

我一直将"我还可以再向前跑一步"这句话作为
座右铭。贵公司的理念是"LEAD FOR FUTURE（引领未
来）"，我觉得两者之间存在共通之处。企业管理人
员告诉我，贵公司作为汽车生产厂家，需要在应对美国、
中国、俄罗斯的地理上、政治力学上的相互关系变化
的同时，不断加快推进数据技术发展的速度。作为学生，
我认为这一理念，本质目的就是抢先一步起跑，从而
获得先机，实现在世界市场自由拓展。

标记【未来】（展现出协作精神）

如果我有幸能进入贵公司工作，我希望发挥追击
时速160公里的球的脚力，坚持"我还可以再向前跑
一步"这样的理念，作为公司经营人员，战斗在未来
工作战场的第一线。

关于语言能力方面，我曾经在加拿大留学2年，因此没有什么问题。社会学研究会中我专攻"民族性"的主题研究，我想这些知识对未来工作也有一定帮助。

接下来，我们来进行详细分析。

标记【信念】

所谓"信念"，就是自己坚持的想法。

可以从"信念"的形成以及经验开始交流。

"我通过这样的经历，逐渐产生了这样一个信念"，这一部分讲述自己的真实经历。

学生在自我介绍的时候，往往采用这样的开场白："在校期间，我曾担任体育协会某社团团长，大学三年级的时候我们在夏季比赛获得了优胜。这样的经历让我深刻学习到团队协作的重要性。"

这样做自我介绍，大约是想展示出自己具有团队协作精神这一面吧。然而，这种程度的"信念"，每个人都能讲，千篇一律，没什么特别。

参与集体活动从而明白团队协作精神的重要，即便自己强调自己坚信这一点，这种程度的内容表达，实在是称不上为合格的自我介绍，无法展示出自己的能力。

自己亲身经历，通过自己的努力才牢牢抓住的"信念"，这才是展示自我的关键部分。

标记【理念】

接下来，就是"理念"。"信念"某种程度上只是个体的意志，但是"理念"却是更多人所认识到的思维方式。具体而言，所谓理念，就是公司创业之初，公司所宣传的企业价值观以及展示出的致力于解决社会问题的态度。

这家公司，创业之初，重视的是什么，现在重点在关注什么课题。打开公司网页，通过仔细分析"企业理念""企业方针""公司宗旨""社长名言""中期计划"等，准确找到这家公司追求的目标。

如果对于公司"理念"的理解过于表面化，那么面试时，面试官就会认为，这个学生估计在应聘其他公司时也是采用同样的一套说辞。最后给人的印象，就是精心准备了面试，但是对公司方面却没有做到真正用心。

求职面试时，要挖掘与这家公司理念共通的部分，深入进行交流。

标记【未来】

最后是"未来"。

此时要讲述内容如下：坚持这一"信念"的我，如果进入宣传这一"理念"的公司，未来将会带来怎样的变化。如果获得公司录用，将对公司未来发展发挥怎样的作用，要展示出自己与全体公司职员团结协作的集体精神。

那么，我们再次回到刚才的例文。大家有没有发现这段自我介绍的特征。

事实上，在650个字左右的原稿中，"我还可以再向前跑一步"这句话，重复出现的次数高达4次。

而且，并不是简单地重复。而是分别在讲述自己信念时，陈述公司理念和实际情况时，真实描述未来入职后自己的工作状态时，强调这句话，每次都发挥了重要作用。

许多学生在面试时，做自我介绍时，只是说得天花乱坠。

如果要给人留下深刻印象，就需找到表达内容的关键句子，然后分别在讲述"信念""企业理念""企业发展与自己的未来"等部分时，适时加入关键句。

"这个曲棍球队的大学生，刚才一直强调'继续向前跑一步'这句话"。只要给面试官留下印象就算是成功。

事实上，这是一个真实故事。面试时不断强调"我还可以再向前跑一步"的这名学生，成功获得了所有参加面试企业的认可，目前活跃在一家大型企业的工作一线。

接受咨询的标记"共鸣""同理心""建议"

有些小学生，还有些刚入职的公司员工，经常找我商量各种类型的话题，比如翻不了单杠的烦恼，写不出志愿的担忧，或者想要换工作的苦恼，等等。

在小学生眼里，我这个老师无所不知无所不晓，因此经常有什么事就找我商量。但是随着对方年龄的不断增长，我的立场也发生了变化。

成年人前来咨询商量的事情，大多数情况下自己心中已经早有结论。他们前来咨询的话题，大多是希望寻求来自对方的共鸣，并期待着对方能给予鼓励。

当然，在与对方交流过程中，如果发现对方明显搞错方向时，我会直接告知。大多数成年人的问题，有八成左右他们心中早已有定论。在与他们商量过程中，找准焦点问题，给他们勇气，鼓励他们，激励他们前进，这才是提供咨询服务方所需要发挥的功能。

大家肯定有这样的经历，部下、后辈、同事、家人，或朋友在遇到问题时来找你商量。这个时候，商量过程中的发言标记作用不小。

"商量时的标记法"，就是按照"共鸣""同理心""建议"的步骤来进行。

接下来，我们结合具体的例文进行分析。

某位女大学生，希望入职新闻媒体行业的公司，然而有一次她休假回乡的时候，又对"制造业"岗位动了心。于是，她前来找我咨询，想了解随后在求职过程中该如何操作。

请开始你的演讲

标记【共鸣】（理解对方心情）

明明一直都是想进入新闻媒体相关行业的，不知道怎么的，遇到制造业职员后，想法就改变了，对产品制造产生了兴趣。实际上，在我求职的时候，也遇到过类似的问题。当时我得到了一家制造企业的内定资格，然而那段时间我一直在犹豫："我到底适不适合制造业？"一直想进媒体行业，可是还没有公司通知面试，更不用说内定了，内心一定很不安吧。

标记【同理心】（相同处境与心理）

我母亲听说那家公司的名字之后非常开心。工作稳定，口碑也不错。尤其是，我父亲原本就是一家重工制造企业的技术人员，听到这个消息也是十分欢喜。

到了学校之后，同学们听闻这个消息，也由衷地为我高兴。那个时候我想从事媒体行业的想法就淡了下来。但是，过了些时日，我又开始纠结：到底我是不是适合这一行。

父亲看到我总是一副很烦恼的样子，有一天实在忍不住了便问我："你想想看，你在为他人做什么的时候最开心？"听到这句话时，我顿时豁然开朗。在毕业求职的过程中，我一直考虑的事情只有两个，一个是实现自我价值，一个是工作稳定，从来没从"我可以为他人做点什么"这个角度思考过。

于是，我开始回忆我过去的经历。小时候有一次朗读自己写的作文，逗得全班同学捧腹大笑的场景立刻浮现在脑海里。当时，那些平时和我关系不好的同学也都笑得流泪了。

那一刻，我觉得"我写的东西能让人开怀大笑，实在是开心极了"。这就是我爱好写作的开始。

标记【建议】（鼓励对方）

你也一样，你想想看："你在为别人做什么事的时候感觉最开心，或者你还想继续做的事是什么？"

这样，你很快就会找到方向。这正是快乐工作的"核心"。归根结底，工作这件事，就是为他人提供价值。无论你最后做出什么决定，我相信你都能克服困难坚持下去。

听了我这番话之后，这位女大学生告诉我，她的父亲就是制造企业的员工。小时候，父亲就经常与她分享"产品制造"

的喜悦之情。

她告诉我,她回到家乡名古屋之后,在公司里看到了父亲兴高采烈地谈论着"产品制造"话题的表情。同样的表情,她还在访问制造业公司时,在那些公司管理人员的笑脸上看到过。

后来的结局,当然是非常理想的。她获得了好几家一流制造企业的内定意向,然后,她来找我咨询该选择哪一家,这种咨询当然是我们喜闻乐见的。

接下来,我们详细分析一下"商量时的标记"方法。

标记【共鸣】

首先,回忆一下,自己是否也曾经有过同样的烦恼,当时的自己是怎样解决这个问题的。

不要站在"老师"的立场,而是站在都有同样烦恼的"同志"的立场,来倾听对方的烦恼。倾听过程中,适时表明自己的态度,如"完全明白,完全了解""我也曾经那样想过"等,首先找到两者之间的共鸣。

标记【同理心】

接下来，就是同理心。根据对方的烦恼，讲述自己在遭遇相似烦恼时是如何解决问题的。此时，对方听你讲述故事时，就容易产生同理心："原来这个人，也和我有同样的烦恼。"于是，他们也愿意敞开心扉，谈自己的故事。在交谈中要有同理心，对于对方的心情，要能感同身受。

标记【建议】

接下来，从自己的故事，回到对方现实中的困扰上。

面对苦恼的对方，换个角度思考，给出适当建议。最理想的建议，哪怕只言片语，也能发挥鼓励对方勇往直前的效果。

其实，这并非难事。需要再次强调的一点就是，带着问题来咨询的人，大多早就心中已有定论。他们前来咨询的目的，其实也只是希望有人能推自己一把，拿出行动的勇气。

因此，我们需要记住一点，当有人有问题前来咨询时，不用向对方提出新的建议，而是要探寻对方已决定的方向，沿着这个方向，适当地加以鼓励即可。

随后，就可以继续鼓励对方："你完全可以办到""一定能顺利进行"。最后谈话结束，对方也会眉目舒展，心情愉快地离开。

当然，并不是处理所有类型的咨询都用这样的方式。有时候，对方希望有个人能骂醒自己；有时候，对方希望有人能耐心听他倾诉烦恼。但是，无论对方咨询的内容是什么，在观察对方的情绪变化的同时，适时给出回应，这一点是毋庸置疑的。因此，作为提供咨询服务方，首先就要求具备洞察人情绪变化的能力。

在接受"咨询"的过程中，抓住对方想法的核心，通过讲述与对方相似烦恼的经历，让对方感同身受，产生同理心。总之，接受问题咨询时，拉近彼此之间距离非常重要。

表达歉意的标记"共鸣""责任""善后"

人们经常说："一个人的本性，看其在陷入窘迫时的态度就能一目了然。"

那么，对职场而言，最窘迫的情况，应该就是致歉场合了。

有时候，即便明明非常清楚可能会遭对方斥责、谩骂、提出苛刻条件发难，但是还是不得不亲自去道歉。这感觉虽然非常痛苦，但我们依然无法逃避。

面对这种情况时，我们要拿出高台跳水的勇气，尽可能速战速决。

表达歉意时，人的表情与态度，可能比语言措辞更为重要。

嘴角向下，表情严肃，眉间稍微用力，微微皱着眉头，背部稍微弯曲向前，绝对不能像武士道中的行"礼"，腰部挺直地低头，要弯曲背部放低姿态，低头，深呼吸。

然后，再次抬头，在表达诚挚歉意之后，再次低头。

道歉时要注意重要的一点：声音要放低沉些，说话节奏缓慢些。当然，这个技巧需要保持适度，否则话语太过拖沓，在别人看来，就是目中无人的态度了。

日本的文化是耻文化，因此，要给对方感受到所传递出的"我感到非常羞愧"的信息。

接下来，就是向对方致歉："此次实在是非常抱歉，在此请允许我向各位表示诚挚的歉意。"然后，接下来，就可以开始运用道歉时的标记法了。

请开始你的演讲

我们结合实际生活中的真实案例，分析其中的"致歉标记法"的运用。

大学举行文化节需用武士上衣300页，结果交货的时候，发现搞错了武士上衣的套数。直到文化节开幕之前，衣服还只凑到原本数量的一半，文化节的运营团队负责人不得不亲自致歉。

"这次，由于我们工作的疏忽，本次文化节安排的300套武士上衣，只准备了150套，未能满足节目使用需要，实在非常抱歉。在此，请允许我向各位表示诚挚的歉意。"

【共鸣】（理解对方的困难）

有人说："大家统一着装，就是为了表现出齐心协力，但是衣服数量只能满足一半需求，完全无法体现节目最初的理念。"我认为说得很对。大家指出"出现这种问题完全是失职"，这种愤怒的心情，我也完全能理解，因为，我和大家是站在同一立场的。原本应该成为人生中美好记忆的文化节活动，因为我们的这次失误搞砸了，实在是非常抱歉。

【责任】（明确责任）

之所以造成这次失误，是因为在发送电子邮件的过程中，武士服装套数发生了变化，但是由于我们没有进行最终确认，所以才导致这次工作失误。

这次失误,完全是因为我们的工作不到位所导致的。

【善后】（接下来的解决方案）

这次失误给各位增加诸多麻烦，实在非常抱歉。不过，目前虽然武士服装套数不够，但是，如果用头带和布手巾的话，文化节当天是可以准备就绪的。

当然，我并不认为布手巾或头带可以取代武士服装的效果。但是，我们为了文化节的顺利举办，准备了足够数量的头带和布手巾,希望大家努力配合一下，没有穿武士服的同学们，请大家带上头带和布手巾参加文化节活动。这次工作失误，实在是对不起各位，非常抱歉。

标记【共鸣】

首先，认真倾听对方的指责与不满。让对方将愤怒情绪释放出来，是道歉时必须遵守的铁则。此时，如果只是反反复复说"对不起",就会听起来过于轻描淡写,显得不够郑重。当然,也不能一声不吭保持沉默,那只会让对方感觉你态度很傲慢。

当对方在指责、诉说不满的时候,我们要倾听他们诉说,并郑重地大幅度点头承认。同时,保持语调低沉给出回应:"是的,是的,我明白了,实在是非常抱歉。"

当对方释放完自己的愤怒情绪之后,会思考下一个问题:你到底明不明白我生气的原因。此时,我们要表达"我也有同样感受"的"共鸣"。在对话中,我们要将"换位思考,我肯定也和你一样生气"的想法传递给对方。

标记【责任】

接下来,是承担"责任"。此处是道歉的最关键部分。

职场上,道歉时的主要问题就是:是否承认错误,承担责任。

有些政治家或行政人员,总有一套说辞:"对于此处容易造成误解的部分,我表示非常抱歉。"这种道歉,实际上的意思就是:"我是没错的,而是你理解错了。"这套说辞,完全没有道歉的诚意。这种道歉方式，就是给对方的不满火上浇油。此外，还有些人，喜欢在讲述"责任"之前，长篇大论自己的失败历程，分析失败的情况等。这种做法也是很危险的。因为，对方是"感性的"，所以，我们需要简洁明了总结失败过程，明确承担责任的方式。

话虽如此，其实，有些情况并非完全是我方的错误。但是，在第一次道歉的场合，绝不能在发言中流露出"你们也有错"这样的想法，这是非常危险的。等到对方情绪比较冷静的时候，审时度势找准机会表达出这一意见。

标记【善后】

最后部分是善后措施。

此处，提出建议，为改善与对方的关系，需要采取什么样的措施。

当对方表达了"不要以为道个歉就解决问题"的想法时，我们要给予回应。可以在提建议之前准备一些"如果不妨碍的话""可能会给您带来不便""实在是诚惶诚恐"这样的措辞，拉近与对方的距离。

当然，致歉发言的最后部分，我们还需要记住：再次郑重表达歉意。

正如本章最开始我提到的，表达歉意的标记法，必须要与道歉时的态度互相配合，才能发挥出最大作用。

事实上，当我们遇到必须道歉的情况，在到对方处登门当面致歉之前，可以先进行仿真模拟对策练习，看看选择怎样的说话方式才比较得体。

解释说明的标记"原点""原点""原点"

如今，几乎人人都在使用智能手机，需要保留证据时，随时随地都可以开启录视频或录音功能，十分简单。

或许因为太过便捷，每周都会有视频流出的报道。随后，道歉会、记者说明会接连不断。

听到这里，可能很多人会认为："这和我有什么关系呢。"但是，我们必须意识到，这绝对不只是事不关己。说不定哪天，我们自己也会遭遇被人冤枉泼脏水的情况。因为芝麻绿豆的小事就被人抓住小辫子不放，这是非常危险的，这些事会很容易将你击垮。

当你身处这种环境之下，有没有为自己辩解的标记法呢。

答案是肯定的。不过，辩解发言时，标记法与之前的形式有很大不同。

原因是，之前介绍的发言标记法，主要目的是坚持阐明自己的主张，以获得对方的肯定与认可。而辩解发言时的标记法，却正好与之相反。

"真是无趣，再继续追问下去没有什么意义。""真没意思，这不值得报道。"辩解说明的目的，主要是要让对方主动放弃，这才是目的。

总而言之，尽量避免被人抓住话柄，被人随意解读。希望所有的一切能够从对方的记忆里消失。

辩解发言的标记法，就是"原点""原点""原点"。

无论对方问什么，无论对方怎样恶意中伤谩骂，始终贯彻"别无奉告"的发言"原点"。总之，不受他人话语的引导而夸夸其谈。

举个例子，假设你就职的公司，工厂失火了，有三名伤者。

请开始你的演讲

你作为公司信息发言人接受电视台采访。

目前，失火原因警方尚在调查之中。因此，你需要遵守发言的原点，发布会上你只能公布一个信息："目前，警方正在调查失火原因。"无论对方如何提问，你只能告知这唯一的信息。

接下来，我们看看记者发布会上的发言例文。

【记者】"听附近居民说，当时有看到一名身穿宅男制服的男子，男子快速离开之后就发生了火灾。关于这方面的调查有什么进展吗？"

【你】"非常抱歉，目前警方正在调查失火原因，尚未得出结论，这个问题我无法回答。"

【记者】"但是，这是你们公司发生的事啊。哪位工作人员，在哪里活动，如果你都不了解的话，甚至都不去调查一下，这是不是有点说不过去呢？"

【你】"关于这次火灾的事，目前警方正在进行调查取证的工作，我公司无法回答这个问题。"

【记者】"你总是说无法回答，无法回答。但是，这附近的居民可是担心得连觉都睡不好啊。万一这个

纵火犯还在这附近四处活动呢，万一公司又再次失火呢？对于这种情况，你本人难道就没有想过吗？"

【你】"这次失火事件，的确给附近居民带来很多困扰，这一点我们非常理解。但是，警方目前还正在调查取证，作为公司方，我无法回答这个问题。给大家添麻烦了，实在非常抱歉。"

国会会议的辩论中也经常出现这样的场景。遇到这种情况，一定是感觉到烦躁不安吧。但是，我们还要记住：语言，并不仅仅是促进沟通交流的工具。有时候，语言也能作为保护自己的武器。

对方故意使用激烈的措辞，就是想激怒你，让你不快，心情不安。其目的非常明显，即使是只言片语也好，就是要追究公司方的责任。因此，绝对不可以败下阵来。

你这样处理并不是在做坏事。你只是陈述了由于警方尚在调查取证中，因此需要谨慎发言，不可随意下结论。

这种方法，不仅仅适用于记者说明会这种特殊场合。

比如说，你遇到他人控诉你性骚扰或者职场骚扰，但是你本人完全没有这样的印象。在面对质问时，你必须坚持"从未说过""毫无根据"这一原点。切忌感情用事指责他人，或者不经思考随便说话。

此外，当你所就职的公司工作中出现问题，要向客户进行情况说明时，也需要坚持原点。虽然，工作中的问题最终归责于公司方，但是有时候迫不得已，"关于这件事，其实我个人认为"，"作为我个人的角度而言"，有时候会有想通过发表个人意见而逃避责任的心理。

"从我个人角度，我与你们（客户方）的看法、意见、心情是一样的。但是，站在公司员工立场，我不能作这样的发言。"如果在说明情况时，采用的是这样一种姿态的话，只对自己单独个体有益。但是，这种做法是非常危险的。

从对方立场而言，根本不会去关心你所强调的"个人"立场。既然你作为公司代表前来说明情况，那么，你所有的发言都是代表公司，就是"公家"的立场，你的意见就等于公司的意见。

辩解情况说明时，发言标记，归根结底本质只有一个："原点""原点""原点"。

而且，我们可以看一下上文中的举例。"现在警方正在

调查失火原因""目前警方正在调查取证中""警方正在有
序开展调查工作",虽然是表达同一个意思,但是措辞每次
都有细微的变化。

如果每次说明都千篇一律回答"现在警方正在调查失火
原因",每次原封不动,重复同样一句话,没有任何一点变化,
对方就会认为你显得很傲慢,态度不好。

同一类问题,回答时需要有点变化。回答同样类型的问题,
稍微改变一下措辞或者语感,这样,对方才会认为你的确有
认真思考回应。

当自己处于劣势时,充分利用好语言这一工具,就会变
得强大。我认为,"辩解说明时的标记法",不仅是负责说
明的我们自己需要学习,其他所有相关人员也需要掌握。

上文中,主要分析了如何将自己要表达的意思更好地传
递给他人的"标记"方法。在发言内容中,设置好合适的"标
记",即便是口才不佳的人,发言时也能够打动听众。

话虽如此,发言内容的"标记"方法,绝非一朝一夕可
以掌握。因为令人遗憾的是:沟通交流能力的提高,没有任
何捷径可以走。

请开始你的演讲

首先第一步，我们要将"标记"写在纸上，例如报告内容、致歉表达、演讲原稿等，整理好要传递给对方的信息。

如果你表达能力有限，在遇到商务交流、聚会演讲等正式场合，不做任何准备就直接上场发言，是极其危险的。一定要记住，必须首先书面整理，进行模拟训练。

在我们进行书面整理的过程中，脑海中就会留下印象。即便我们在书面整理时写得不是特别详细，口头表达时也基本能将信息完整地传达给对方。

如果口头表达水平有限，我们一定要掌握好发言时的"标记法"。

专栏 3
坦诚交流

我每天在 Facebook 上，大约要写三个专栏，每个专栏大概 1000 字左右。

因为写作量大，所以难免有些作品粗制滥造、水平有限。不过即便如此，我也依然不断创作出很多好作品，因此自我感觉非常良好。面对这种情况，读者也给我提出了很多严格的意见。

当时，心胸狭窄的我，每次遇到批评，就非常生气。我认为读者根本不理解我的心情，不明白读者到底要怎样，觉得简直不可理喻。但是，当我冷静下来，仔细阅读了读者意见之后，我发现其实许多意见表达了对我现在心境的理解，有的还提出了建设性的意见。

之所以当时的我没能察觉到这一点，是因为我缺乏一点"坦诚"吧。

请开始你的演讲

人为什么不能坦诚面对自己呢?

大约是因为我们将他人的批评意见,上升到了甚至连人格也被否定的程度吧。而且,由于我们的自尊心,似乎我们也很难轻易接受别人的意见。

"坦诚",需要我们抛弃"自尊心""过去的成绩"等等额外的包袱,让身心处于自由平和的状态。

孩子们是很坦诚的。虽然有些孩子有些别扭、有心机,但是大多数还是很坦诚率直的。

究其原因,孩子们很少会先入为主或者认为自己懂很多,因此不会封闭自己的心,拒绝他人的意见。

当然,也有些孩子性格腼腆,或觉得麻烦,不做出回应。但是,只要心里没有额外负担,稍微调整一下对他们说话的方式,他们很快就能跟上节奏。

大多数大学生还是比较坦诚的。虽然说人存在个体差异,但是大多数我交流过的大学生,都能坦诚面对自己,讲述自己内心的真实想法。只要没有人为设置的心理屏障、不被过去的成果所累,基本上都能坦诚相待。

然而,这种坦诚什么时候开始消失的呢。通常情况下,大概是工作两三年之后。

这个时候，已经不是刚入职的社会人，对公司的情况也略微有些了解。

渐渐地，开始认为"公司上班不过就是这么回事""这个社会也就这个样子而已"，坦诚也在这些念头里慢慢消失了。作为社会人的资格受到质疑，也往往在这一时期。因此，到了第三年的时候，就会出现一波离职潮。

大约是，那时已经无法面对不坦诚的自己了吧。

那么，我们该如何才能学会"坦诚"呢？

当我们缺乏自信时，是无法学会坦诚的。

当我们不自信时，即使他人稍微指出点不足，我们也很容易怒目相对，愤恨不已，心情焦躁，还会默默嘀咕："我哪有闲工夫听你说这些。"

如此想来，要想坦诚相对，首先要对自己有足够的自信。

那么，怎样做才能保持自信呢？

有一个快速有效的方法，就是保持笑容。

法国哲学家阿朗曾这样说：

"人，不是因为感到幸福而面露笑容，是因为展现笑容而感到幸福。"

这种说法没错。展现笑容，对提升自我评价有明显作用。

如果无法随时展现笑容，学会保持嘴角上扬，也是个不错的方法。

当你发现"自己现在不够坦诚"时，即便是勉强，也要努力露出笑容。

在你努力展示笑容的同时，你会发现，你内在的那个"别扭的人""怪癖的人"就退场了。

日常生活中，站在洗手间的穿衣镜前，也一定要露出笑脸。晚上睡觉时，尽可能带着笑容入眠。

当你学会持续露出笑脸，你会发现"坦诚"的自己回归了。

仔细想来，当有人提出批评或者意见时，或者对方面带笑容提出建议时，我们会坦诚面对，并且会采取相应的行动来改变。

而有的人只是单纯想批评别人，或博人眼球，面对这类只想寻求自我满足的人，一般人都是无法坦诚面对的。对此，我们要"以人为镜，引以为戒"。

提高沟通能力，要学会坦诚。

抛弃先入为主的观念、所谓的自尊心、曾经的成功等束缚，开心地接受他人所提出的正确的、有趣的、有建设性的意见。相信大家都想成为这样坦诚的人。

第四章 CHAPTER 4

口才不佳也能打动人的演讲
·宣传技巧

演讲·宣传无须特别才能

很多口才不佳的人，最苦恼的一点，就是当众讲话。他们很容易出现因为紧张而语速过快，中途忘词卡壳，头脑一片空白等尴尬的情形。

事实上，如果事先做好充分准备，并在正式演讲过程中运用少许技巧，完全可以避免这类情况发生。

接下来，本章主要分析如何在演讲发言之前调整状态，在正式发言过程中，要注意哪些事项，可以运用哪些技巧。

演讲宣传要营造"氛围"

在我长达35年的职业生涯中，有一次演讲宣传给予我很大启发。宣传演讲，大多情况下，就是与其他公司相互比赛的"竞争"。

曾有一位公司特色产品宣传部的部长对我说了这样一段话。

"无论是什么样的竞争本质都差不多。其实，胜败之间的差距，大多就是 51 对 49 这样。或许有的广告公司员工们觉得自己取得了压倒性的胜利，然而实际上，这种情况根本就不存在。因为参与竞争的人大多能力相差无几，不存在巨大差距。当然，差距依然存在，只不过是 1 分左右的差距而已。但这 1 分的差距，作用却大得无法理解。这 1 分，就是让我们要把产品宣传交给这家广告公司的原因。希望你们找到这决定性的 1 分。"

这决定性的 1 分，就是广告宣传所决定的。无论创意是如何精彩绝伦，如果宣讲时不能完全展示出来，就会因为这 1 分之差而无法中标。

广告企划案的宣传，需要酝酿营造出"氛围"。

哲学家亚里士多德曾说过：打动他人的谈话，必须具备"逻辑""共鸣""信任"这三大要素。

简而言之，要具备以下特征：一点即通的逻辑，不约而同的认可，让共事者信赖的安心感。

以上特征，与广告宣讲人的实际业绩、陈述语气、态度以及外形等因素密切相关。

能否获得这位部长所说的关键"1分"，取决于作为广告方案宣讲人的你。

任何人在这种场合下都会紧张，更何况没有什么宣讲经验加持而且口才不佳的人。我完全理解大家想迅速逃离的心情。

但是，宣讲或演讲，其实并不需要什么特别的能力，只要正确地做好准备、掌握技巧、持续训练，无论是谁，都能在发言时打动在场听众。

面对面的交流 拥有巨大价值

接下来，我给大家介绍演讲宣传的技巧，有失败中的总结，有来自向前辈的请教，还有我在通过分析政治家、管理者以及小学生等不同人群演讲中归纳的方法。

如今，网络重心已经从"图片"转移到了"视频"。如今这个时代，甚至连小学生都梦想成为 YouTube 主播。

面对面交流信息传递的速度比阅读文章更加迅速，传递效果也更加便捷。

如今这个时代，每个人都可以通过智能手机展现自己，发表自己的言论。即便你口才不佳，你也无法逃避当众发言。

"逻辑"可以通过练习发芽，"共鸣"可以通过饱满的情绪开花，"信任"则会在自信和实际成果的基础上结出果实。

在这里，我将公开与大家分享，我多年经验总结到的最有效的演讲·宣传的方法，其中包括内容如下：事前的准备工作，当天的生活日程安排，容易被忽视的保持理想心理状态的方法等。

中规中矩的 PPT 宣传效果不佳

一说起演讲宣传，很多人脑海中就会浮现出这样的场景：将资料通过幻灯片投影展示出来。

请开始你的演讲

在做宣讲时，的确需要幻灯片投影将相关文字、数字、照片展示出来。但是，我们需要注意的一点："中规中矩的幻灯片"，并不能实现最终目的。

演讲·宣传并非一己之力可以完成

曾经在我身上发生过这样一件事。

在一次报告会上，原本准备好的幻灯片，没法投影到屏幕上。但是，当时大家都已到达会场，也不能延长报告时间。

于是我就告诉工作人员："没办法，不用幻灯片直接开始吧。"话是这么说，但其实当时我的脑袋一片空白。我手忙脚乱地将要说明的要点，记录在一张小卡片上，然后带到了会场。

没想到，最后报告会非常成功。我先前做报告，都是配合着幻灯片进行，就像在放映连环画似的，但那天，反而没有了任何约束。中途，我还走到台下去，与听众互动，整个会场气氛像迈克尔·桑德尔的"公开课"一样热烈。

一次成功的演讲报告，一定是宣讲者与听众一起努力完成的。我深刻地认识到这一点。而且，我们需要关注的重点，不应该是幻灯片的资料，而是作为演讲者的我们自己。

无论是宣传还是演讲，都非仅凭单向努力可以实现。本质上，两者都是沟通交流的手段，在沟通过程中，在信息与情绪完成互动之后，才能取得预期效果。

打那之后，我就减少了在幻灯片制作上的精力投入，制作幻灯片时，不再使用动漫或动画效果，而是尽量保持简单明了。前段时间，我放弃了边看幻灯片边练习演讲的习惯。即使没有幻灯片，发言时也毫无障碍。如果能达到这个水平，我相信你的发言一定能吸引听众、打动听众，必定是一次精彩的演讲。

尝试在浴室里，听听自己的演讲

有一个方法，可以让自己的演讲水平更上一层楼。

那就是，将所有的演讲练习都用智能手机录音保存好，然后带到浴室播放，自己做自己的第一个听众。

请开始你的演讲

人通常在浴室里会比较放松，尝试一下在浴室里倾听自己的声音，你会发现一些平时根本没注意到的"细节"。

有时候，你会发现，你的发言比内容本身更绕口，可能还存在某些地方语速太快的情况。

一些常用的简单单词，我们往往在日常发言中很难注意到自己的发音是否清晰准确，如果你意识到了这一点，那么，在浴室里可以尝试练习清楚发音。

练习时，要有意识提醒自己 "遇到这个单词时的发音，一定要尽量一个音一个音、清晰缓慢地发出来"。

找一位听众在浴室做演讲

此外，还有一个方法，也是方便演讲者在浴室进行的绝佳练习。

那就是，找一位听众，将同一份演讲原稿，尝试以对话的方式进行讲述。

在智能手机录音里保存的演讲，是在众多听众面前当面发言，因此需要大声演讲。但是，在浴室里的演讲，是面对面与一位听众交流，因此声音不妨平和一些，放低一些。

为什么要这么做呢？

这是为了赋予正式演讲时的"讲述"以一定的变化。

那些有名的演讲者，在演讲时，面对听众，有时大声地叙述，激情澎湃；有时，在面对面的个别几位听众面前，则是像朋友之间的交谈，平和缓慢，娓娓道来。

演讲时语气轻重缓急的变化，能帮听众保持注意力集中，不至于感到枯燥乏味。

在浴室里，尝试以交谈的形式给眼前的这位听众演讲，这样练习，能让演讲不至于太单调乏味。

演讲发言，往往是一次定输赢。

一次 20~30 分钟的演讲，就有可能帮你抓住机会。无论如何，我们要提前多做相关演讲训练。

很多演讲发言人在正式演讲的前一天，还在电脑桌前赶着写稿，或者通宵工作，这是很不明智的。

演讲的定稿，至少要比正式演讲提前两天准备就绪。正式演讲的前一天，至少要保持着突破演讲稿练习的心态进行训练。

当然，结婚典礼上的发言致辞也是同样。如果有当众发言的机会，一定要试试这个方法，充分利用家中浴室的空间进行演讲练习。

演讲当日，放弃练习，读报纸，看新闻

到了正式演讲的日子，在前一天悠闲地泡个澡，保证充足的睡眠。

在距离演讲还有 1 小时左右的空闲时间，或许你会想利用这个时间再进行一次练习。但是，我建议，这个时间不要安排练习，可以做点其他更重要的事。

不妨通过电视、收音机、报纸、网站，了解当天正在发生的新闻，做演讲前的信息搜集。

在第三章中介绍的关于"演讲时的标记法"中提到演讲的第一要点，要讲述引发听众"共鸣"的内容。

可以与听众分享演讲当天的天气、新闻热点话题、在前往会场途中遇到的事。这些内容，会让听众觉得自己也有了解，也有感受。演讲内容不仅要传递信息，在此基础之上还有非常重要的一点：具备吸引听众的魅力。

例如，演讲的最开头用这样的开场白："已经是腊月时节，但是听说昨天全国气温居然都超过了 20 摄氏度。今天也很热啊。我期待今天演讲的热度与今天的温度一较高下。"事先的确认是必不可少的准备。

当然，不仅是天气，我们需要尽可能搜集更广泛领域的话题内容，例如政治、经济、社会、体育、娱乐、NHK 的晨间剧等。

做到遇到任何话题都能应答的准备

我的个人经验告诉我，越善于面对听众演讲的人物，在听到第一句发言时，越善于以"开玩笑的对话"来切入。这样，既能发挥破冰的功能，还能试探发言人水平的高低。

就在某一次话题演讲开始前，一位客户企业的社长笑眯眯地提到："今天，我的心情相当不好啊。刚才知道，阪神队（Tigers）居然四连败！"

请开始你的演讲

一位公司前辈员工听到后，迅速回应："但是，昨天某位选手打出的安全打，安全打击率恢复到了三成的嘛。"

听到这位同事的回答，社长沉默了一会儿，然后微笑着说："对呀，对呀，这样想我的心情就好多了呢。"

这件事听起来或许会让人觉得微不足道，但是，在重要演讲正式开始之前，室内的确弥漫着一种剑拔弩张的氛围，让人觉得有种一触即发的紧张感。不过，这位同事轻描淡写的一句话，就成功打破了原本非常紧张的气氛。

要想能对话题及时回应，演讲当日的早晨，必须充分做好信息搜集的准备工作。

清晨搜集信息 相当于自己制作报纸

报纸的魅力，在于信息的重要程度往往会体现在"版面"的大小上，即简单明了地体现在报纸版面设计上。

一位被称为"演讲魔术师"的人士曾教给我这样的方法。

"我们早晨起来，要像自己制作报纸版面一样，搜集五六个重要信息，做一份资料。"

无须动笔，只要在脑海中，分析今天什么信息最有价值，并能派上用场，是经济类新闻还是其他，通过独立思考，制作出一份独立的信息资料。

在我们筛选信息时需要注意的最关键的一点是，不要依据社会常规认知层面的事件重要程度来筛选，而是要分析我们的听众群体，同时结合自己的立场进行搜集整理。

在这里，我建议大家尝试一下这一方法，持续三个月这样搜集整理，你一定会发现，演讲发言时，内容的头绪越来越清晰。

在英文中，"闲聊"一词的表达是"smalltalk"。我们要努力达到：无论什么话题，都能简单总结，然后将其穿插在会话中的各个不同地方。

当众演讲的能力，固然非常重要。然而，是否具备拓展"闲聊"话题的能力，也直接决定你能否获取听众的"共鸣"和"信任"。

让我们快行动起来！从明天早晨开始，尝试挑战一下吧。

正式演讲前消除紧张感的方法

提前 30 分钟，到达正式演讲的会场，这条铁则必须严格遵守。

公共交通工具很容易让人迟到，而且，如果正式开场前才勉强赶到会场，我们就很难保持冷静，自然也就很难达到预想的效果。

我曾有幸与一位非常著名的首席设计师一起共事。有一次，我因为记错时间，提前 1 个多小时到了客户那里。我正想着"这下不好办了"，突然发现这位设计师已经在客户公司的接待室了。我不确定是不是这个时间正好合适，于是问他，结果他笑着回答我道："不是哦，约定会见时间是 1 小时后。"

随后，他对我说了这样一番话。

"在遇到重要演讲宣传工作时，提前 1 个小时左右到，在公司的附近喝喝茶，在大厅里坐坐，看看周围来来往往的人们，你就会了解到这家公司员工的工作环境，在这过程中，自己也会渐渐熟悉这里的氛围。我一直都非常重视这种准备。"

听到这番话，我进行了自我反省。设计师的日程表安排精确到分钟，随时都在争分夺秒地工作，他尚且能安排出充足时间应对演讲宣传，我为什么不能呢。于是，我下定决心向他学习，留出空余时间留意环境，让自己熟悉这种氛围。

打破身体平衡　消除不安情绪

另一位已故的前辈伊势田幸永先生曾指点过我下面这段话。

"无论是谁都会在正式演讲宣传开始前，感到不安。但是，如果你尝试蹦一蹦跳一跳，你的身体机能就会迅速给出反应。身体会发出警告：现在不是紧张的时候，马上要出大事了。于是，人首先就会尽力去保持身体平衡，只需要用这个小方法，不安情绪就会一扫而光。"

后来，我将这个方法应用到我的工作中。每当我感觉紧张时，我就抬起一条腿，或者踮起脚跟。通过让身体处于不稳定状态，调动身体机能，消除不安情绪。

我建议，大家在到达宣讲会场后的第一件事先去洗手间，方便过后可以在卫生间里蹦跶一下。估计不少人会对此提出质疑："这个方法是否真正有效？"我强烈建议大家尝试一下这个方法，我相信大家一定能感受到实际效果。

对着镜子 整理仪表

在卫生间里，还要做一件事，那就是：仔细照照镜子，检查一下自己的仪表，整理好蓬乱的头发和系歪的领带，然后面对镜子笑一笑。

稍微抬起下巴，嘴角上扬。笑的时候尽可能多露牙齿。

正如"人不是因为感觉幸福而露出笑容，而是因为露出笑容而感觉到幸福"这句话所说，当我们露出笑容时，会发生不可思议的变化，我们的心情会变得更加积极向上。抬头挺胸，勇往直前吧。

英国前首相丘吉尔，据说随身都会在口袋放一个小镜子，就是为了练习笑容。如果总是愁眉苦脸一副不高兴的表情，是没有人愿意跟随的。

洗手间这一空间，就类似棒球比赛时前往"击球区"之前的"备战区"。所有的生理情况、仪容仪表、心理准备等都应该在这一备战区域做好准备。

在《波西米亚狂想曲》这部电影中，主人公佛莱迪·摩克福，在大型音乐会开始之前，都会站在镜子前对自己说上几句话，在演出舞台的后台休息室里蹦蹦跳跳跳得老高。或许是为了消除紧张感自然而然出现的肢体活动，但这的确是当时心情的外在表现。

提前30分钟到达正式演讲的会场，在到达会场之后，先去洗手间稍微蹦一蹦跳一跳。然后，对着镜子练习一下微笑。

紧张不安、眉头紧锁的你，就会消失不见。取而代之的是自信满满的你登上演讲的主场。

等待全场安静下来，开始演讲发言

阿道夫·希特勒的演讲，就像有魔力一样能抓住人心。在音响设备并不完善的年代，为什么他的演讲能让众人沉醉其中呢？

请开始你的演讲

　　我认为有这样几点。首先，希特勒演讲时，往往将演讲时间安排在傍晚时分，这个时间正是人们心理防线最弱的时期。而且通常会安排女性观众就坐在演讲会场的前排，据说如此一来，前排因演讲而感动的女性观众的抽泣声，甚至能传到会场后方。然而，希特勒最厉害的一点，是他演讲开场时吸引全场观众的手段。

　　这个手段，就是沉默。

　　阿道夫·希特勒的演讲稿的第一行，好像写着一行字"等待观众安静"。总而言之，就是等待全场观众安静下来之后才开始演讲。有时候希特勒会有点神经质地把弄着演讲稿纸的一角，有时候则是将目光投向远方等待着会场的安静到来。

　　据说，有时候等待时间超过10分钟。终于，人们变得不安，开始观察希特勒，想知道他为什么一直沉默着不说话，观众在希特勒的沉默中感受到了一种威慑的力量。

　　随后，当所有人的目光都转向了希特勒，希特勒举起拳头，大声疾呼开始了正式演讲。

通过沉默让观众视线聚焦，然后开始演讲

听说了这个故事后，我立刻将这种方法应用到我的大学课堂上。大学课堂每节课之间休息间隙比较短，大多数同学会在下课后离开教室，待到下一节课开始 5 分钟之后，甚至还有学生陆陆续续回到教室。

回到教室之后，依然人声嘈杂，教室安静不下来。如果就这样开始上课，很明显课程肯定无法顺利进行。如果学生注意力没有集中到我这里，即使上 100 分钟课，这种无序散漫的状态也不会发生任何改变。

听说以前黑泽明导演拍电影时有个规定：如果全体工作人员的视线没有集中到演员身上，就绝对不会启用任何摄影设备。演员的工作，就是获取观众的关注。当意识到所有的视线焦点投射到自己身上时，演员才能发挥出好的演技。而且，这种规定，让整个摄影现场产生一种集体荣誉感。

或许黑泽明导演的作品带给人的紧张感，就是来源于此吧。

请开始你的演讲

演讲中途突然沉默，吸引听众注意

有时还可以在演讲发言过程中安排沉默不语的环节。希特勒在演讲时，看到观众们开始变得狂热，开始激动地大声呼喊时，他就会开始停止说话沉默不语。因为，观众在处于激动兴奋的状态时，注意力肯定无法集中到他身上。因此，希特勒为了让狂热的观众的注意力焦点再次恢复到自己身上，就会不说话，沉默等待着。

沉默与狂热，沉默与狂热，沉默与狂热……在这反复交替中，人们开始对希特勒恶魔一样的语言深信不疑。

当然，我这里并不是说大家要向希特勒学习。

当众演讲发言时，除了"叙述"和"停顿"，还要安排与两者完全不同，能吸引观众注意力的"沉默"时间。

沉默间隔最好安排在对方感觉猝不及防时。

如果你在演讲时，看到有人左顾右盼，不妨沉默着等待，等对方意识到沉默，并将注意力投向自己再继续。总之，作为演讲者，一定要掌控会场的主导权。希望大家一定要记住这一点。

认为自己特别"能言善辩"的人，在演讲中基本上不会沉默不语。

正如前文中所提，他们在演讲发言时，往往滔滔不绝"口若悬河"。在发言中，突然停下了不说话，这种让观众感到不安的环节，在他们看来，就是一场"结结巴巴的演讲"。

事实上，并非如此。英国前首相温斯顿·丘吉尔是非常有名的演说家，在他小时候，他一直因为"口吃"而烦恼，无法顺利表达出他内心的想法，但这种状况，成了他演讲中的"停顿、沉默"，反而赋予了他的演讲极强的感染力。

如果你不善言辞，那么在当众发言时，你很大概率会觉得头脑一片空白，突然不知该怎么表达。出现这些情况是很常见的，一定不要轻易放弃。坚持不放弃，是最终成长为知名演说家的重要因素。

演讲时一定要展示"静候全场安静"的气场，然后，再正式开始你的演讲。

演讲宣传的开场白，决定最终成败

演讲时声音要洪亮。演讲，本身就是将自己身体内储存的能量展示出来的行为。

宣传、演讲时，声量高低至关重要。开场白时的声音大小，基本上是演讲成败的决定性因素。

如果打破会场沉默，开始讲话，但声音却微弱无力，那么想用这句话提醒大家注意听的用心，就完全被浪费了。

无论宣传还是演讲，开场白非常重要，因为它意味着"第一印象"。开场白就是"声音的外形"。开场白的质量，对整个演讲氛围起着决定性作用。

第一句开场白，声音穿透会场后方的墙

演讲第一句，首先是寒暄打招呼。要强调突出"招"与"呼"的功能。

打招呼，就是通过声音控制整个会场的气氛。观众和我们，为主导整个会场气氛，而相互推挤争抢的"控场游戏"。

如果在这个环节失败，整场演讲就不得不面临被听众情绪所左右的局面。因此，一定要气沉丹田，声音洪亮，充分展示自己的能量气场。

不过，在这里，希望大家不要误会一件事。

此处招呼的对象，并不是日常寒暄道声"大家早上好""各位中午好"，站在面前与我们面对面的听众。

那么，我们打招呼的时候，该面向谁呢？

回答是：面向会场的最后面的那堵墙。

面朝会场最后那面墙，抬高音量，大声演讲。让声音，越过会场最后一排的听众，让声音直接穿透那面墙。演讲时，一定要展示出这样的气场。

声音洪亮的开场白，能帮助演讲者突破自己，让演讲者能一下子释放积蓄的能量，很自然就能呈现出进入主动进攻的姿态。

请开始你的演讲

调整音量高低，突出抑扬顿挫

如果让演讲的开场白，声音直穿会场最后的那面墙，并在接下来的演讲中持续抬高嗓门，就足够了吗？并不是。如果演讲始终保持同一个语音语调，缺乏抑扬顿挫的节奏变化，听众就会感觉乏味，注意力也会逐渐下降。

我们可以在开始演讲时，营造这样一种场景。

"我现在发言，是以三个分身的状态进行。我的左边和右边，都各自还存在一个我。我演讲时的声音，可以覆盖会场的每个角落。"

演讲台上，这三个我，发言时分别面对会场正中间、会场左边、会场右边的听众。

在我们尝试的初期，可能很难掌握其中的技巧：发言时，不仅要让声音穿透远处，还要让声音覆盖左右周边。

时刻提醒自己这样进行演讲，和我们混乱莽撞地发表自己的演讲，会导致巨大的差异。

如果没有意识到这一点，当我们演讲时，我们的声音就会从距离自己两三米远的地方，直线下滑。

在你演讲的过程中，必然会出现注意力分散的听众。当然，同时也会有视线追随着你，对你的观点频频点头的热心听众。

如果你感受到他们的存在，就在会场正中、左边、右边，可以的话包括第一排，发现关注你的热心听众，然后尝试面对着他们继续你的演讲。

接下来的演讲，感觉就是你面对这个听众，看着对方的眼睛在交谈。如果你这样做，对方一定会给出积极回应。当听众感觉到你的注视，就会身体前倾更专注地听你的演讲。

此外，有时候，可以尝试与会场第一排座位的听众进行互动。这样一来，那些注意力不集中的听众就会好奇："前排的听众到底说了什么？"从而重新关注你的演讲。

如果能达到效果，就是成功。那么，此时，整个会场的听众，就会沉浸在认真聆听演讲的氛围中。

开场白第一句话，声音要穿透后方的墙。当你的演讲进入主题之后，声音要覆盖到所有听众。演讲持续过程中，与某些特定的听众进行交流。

通过不断调整声音，打造出抑扬顿挫的节奏感，演讲水平也会因此更上一个台阶。

当众发言，赞美与分享必不可少

"啊，今天的演说很棒啊！""产品发布会非常出彩！"如何才能让演讲获得他人的肯定呢？我分析有以下两点：

① 多处内容引发共鸣；②出现想要告诉他人的新信息。

用社交网络用语来表达的话：①点赞；②分享。

"的确如此，真棒！""啊，好想分享这个故事！"如果在演讲的过程中，听众多次产生这样的情绪波动，演讲者就会得到这样的回应："今天的内容，感觉好多地方我都有共鸣。""听了今天的演讲，我感觉受益匪浅。"

采用对话的语气叙述

语言学专家东照二先生曾提到：在第二次世界大战期间的首相总理大臣，通常会在文章结句末使用比较正式的书面表达方式。

第二次世界大战结束之后，首相们往往会在文章结尾用郑重的敬语表达方式，或者用委婉的"我认为"作结束判断。到了小泉纯一郎担任首相一职时，则经常使用口语体来结尾。

演讲稿的风格也完成了从严肃郑重到轻松氛围的转变。政治家们最近的演讲，也开始不断向普通的日常对话风格靠近。

高级酒店的工作人员无可挑剔、严谨的语言措辞听起来自然相当悦耳，苹果专卖店的员工们类似朋友间的对话模式，也并不让人讨厌。相反，我认为，营造像朋友之间轻松交谈的氛围本身，就是在创建一种全新的店铺交流的模式。

演讲时，需要避免念讲稿的腔调，尽可能采用对话的语气进行。

如果按照演讲稿的行文腔调，很难激发听众想"点赞"和"分享"的念头。

至关重要的一点是，我们可以在讲稿中尽可能增加让听众感觉想点赞的"有共鸣的一句话"，或者让听众要"分享"的一些"全新的内容"，在演讲过程中不断展示出来。

话题的内容不仅要让听众点头认可，更重要的是要让听

请开始你的演讲

众不由自主地想"点赞"，确保演讲题材新鲜有趣，让听众感觉耳目一新，是演讲前期必须做好的题材储备工作。只要有强有力的"新题材"，即便演讲中偶尔有插科打诨也无妨。

我们需要谨记：插科打诨时要选择让听众会主动分享的内容。

分析听众的兴趣所在选择合适话题切入

前些日子，我在一次讲座中向初高中的同学们传授"谈话的技巧"。这次来参加讲座的同学分别来自全国各所学校，大家之间相互并不认识，年级也不相同。到底该选择什么样的话题，才能让同学们去点赞和分享呢，我找不到头绪，一筹莫展。

突然，我注意到了一点。这些同学们，在做自我介绍的时候，有不少同学引用的是《哈利·波特》中的表达方式。看样子，大家是非常熟悉这本书的。

于是，在进入演讲正题之前，我决定以哈利·波特的话题开场随便聊几句。我想随意聊聊这个话题，可能讲座的气氛就会不那么紧张。

《哈利·波特》的读者数量仅次于第一名的《圣经》。这本书的在日本的译者松冈佑子在向原作者咨询申请翻译权限时，当时已经有两家出版社找过原作者谈过相关事宜。但是，原著作者在与两家出版社及松冈女士交流之后，最后决定将翻译版权交给松冈佑子。这次竞争中，决定最终胜利的关键，就是松冈女士手中拿着的那本翻烂了的《哈利·波特》。据说作者看到这本破破烂烂的书，认为译者在翻译前都已经阅读了这么多次，正说明她的翻译工作值得信赖，所以最后将翻译版权委托给她。由此可见，工作的热情与学习的热情，其实都是相通的。

演讲中说起了这个故事。于是，在休息时间，大家就很热烈地开始讨论与哈利·波特相关的话题，原本互不认识的同学们距离瞬间拉近了，气氛一片融洽。

我在那次讲座中将想"点赞"的"共鸣"和想"分享"的"翻烂的书"的话题，通过对话形式娓娓道来，改变了会场紧张的氛围。

细致考虑演讲准备工作，容易让演讲开始后氛围轻松友好。这正是演讲发言的精髓所在。

演讲发言的决胜关键，在于非言语交流

有一次，宝塚的植野叶子女士，曾教我宝塚流派指人时的手势。首先，手靠向胸口，然后手掌像画个圆一样，再指向对方。手靠近胸口这个动作，给人一种"从我到你（我请你）"的感觉。

在我听到这件事时，刚好看到一个报道，某位政治家在记者发布会上因态度傲慢无礼引起了热议。于是，我重新观看了发布会的视频，我看到这位曾任大学教授的政治家，在点记者提问时，用的是食指。这可能是因为当老师上课时点学生回答问题的习惯影响吧。虽然政治家本人态度并不傲慢，但是在周围人的眼中，这样指人的手势，看起来是非常明显的蔑视。

人与人的交流，主要分为两个组成部分：一部分是通过

组织语言形成的"语言交流"，一部分是通过表情、态度、姿势、声音状态等构成的"非语言交流"。实际上，一次演讲发言成功与否，往往主要是由后者决定的。

作为一个演讲者，并不能满足于单纯将信息传达到位。演讲时，要把自己当作是一名"舞台演员"，要从头到脚，360 度无死角全方位展示自己的动作。

奥巴马与特朗普演讲时的必备姿势

美国前总统奥巴马曾是一位出色的演员。他在每次演讲登台时，总会快步跨两步台阶，边走边去扣西服纽扣。然后，站在台上开始演讲。

演讲开始前，他已经给大家演绎了一位"精力充沛的领导者"形象。

那么与之相对，特朗普又是如何呢？虽然特朗普演讲发言经常出现错误，但是，他呈现了与传统政治家完全不同的演技。

那就是，双手摊开，面向观众。

请 开 始 你 的 演 讲

他说话的时候，就像逗婴儿一样，"不见了，不见了，啪"。将手掌摊开面向你。

他可以面不改色心不跳地说："我从不说谎。我没有武器。"他说话时的动作，和卡通人偶或者小丑向我们摊开双手的姿势完全一样。

手掌的动作的些许区别，给他人留下的印象截然不同。

当然，要改变演讲发言时的印象，并不是只有手部动作。

如果你观察一下 TED 演讲，跟进他们的演讲分析一下，就会发现，很多人在演讲舞台上模仿史蒂芬·乔布斯边走边讲。但不知道为什么，他们演讲时总给人们匆忙急促的感觉。他们边走边演讲的状态与乔布斯简直是天壤之别。

原因在于，他们边走边讲的节奏不同。

如果你观察一下那些精彩演讲，你就会发现，他们往往在"说话的间隔"才走动，脚步一停下来，就继续开始演讲。

他们走动时，看起来更像在"思考"。如果一个人边走边讲，他说的话听起来就像一个人在自言自语。

尽量采取夸张的肢体语言在家练习

演讲发言过程中的肢体语言也非常重要。但即便我们意识到这一点，也未必能马上掌握好。因此，我建议大家可以自己在家里多做训练。

在我们训练的时候，不妨尽可能放大自己动作的幅度，让自己的手势更夸张一些。

一开始你可能会觉得不好意思，想突破这一点，就要尽可能夸张地增加动作幅度。

把手大大张开，在需要强调的部分紧紧握住拳头，目光犀利，放声大笑，等等。

在开始运动之前，我们要伸展热身，演讲同样如此。当众演讲发言，需要配合讲述的内容，伸展我们的肢体。

不妨想象一下，此时的你是剧团的一名演员，现在充分活动身体，开始你的表演吧。在反复训练的过程中，你一定能找到属于你自己独创的演讲风格。

请开始你的演讲

训练必然带来回报

有一位曾委托我撰写演讲发言稿的企业高管，他参考我的建议非常认真地执行了演讲前的训练。

在他刚开始练习时，还有点找不到感觉，但在他反复练习五六次之后，无论是走路、止步、行礼、手部动作等，他都逐渐形成了自己的风格。

发言容易卡壳的部分，就修改原稿，发言比较拗口的单词，放慢速度保证吐词清晰。努力训练，最终将获得回报。轮到正式演讲时，即便会因为紧张而肢体僵硬，或者偶尔出现错误，都不会出什么大问题，正式演讲时发言抑扬顿挫，会使演讲很有节奏感。

要强调的单词，发音时可稍微加点力度，同时握紧拳头，这样的手势，会给听众留下意志坚定、光明磊落的印象。

正式登台演讲前，要反复训练。可以通过录像保存训练视频，找到问题不断改进。经历反复训练之后，正式演讲必定能达到打动全体听众的最终目标。

专栏 4
清晰吐词练习　从自报姓名开始

我讲话时有个问题，就是吐词不是太清晰。

熟悉的朋友曾经指出原因：说话的时候没张开嘴。

我的朋友库帕博士劝我每天要进行朗读训练。道理我是明白，但始终没能纠正成功。

后来，还有人这样说我。

"蓑田君，你的名字，每次只能听清楚你的姓氏，后面的名字，你语速太快，吐词倒还好，感觉尾音发音太随意啦。"

听到朋友这么说，我深受打击。难道，我连自己的名字都说不清楚了吗……

于是，我从自己名字开始，放慢速度，一字一句进行发音练习。

说"我"时，右手放在胸前。

说"蓑田"时，双手合掌。

说"吉昭"时，双手打开，放在腰部两侧。

请开始你的演讲

胸前，合掌，腰两侧；胸前，合掌，腰两侧……

在做自我介绍时，一边说自己的名字，一边转换不同的姿势。当我说到"吉昭"的时候，手势就像牧师布道一样摊开，此时在尾音部分发音加点力量，听起来感觉就清晰多了。

自我介绍时搭配着手势进行训练，对于提高发音吐词的清晰度效果显著。

胸前，合掌，腰两侧；胸前，合掌，腰两侧……通过不断练习，很自然就产生了三拍的节奏。

随后，我将这种方法也运用到其他场合。

【胸前】今天的

【合掌】晚餐

【腰两侧】是咖喱饭。

【胸前】我们

【合掌】希望

【腰两侧】采用 A 方案。

【胸前】我们

【合掌】诚恳地

【腰两侧】感谢您的建议。

像这样，说话的时候附上手势，分成三拍。

你会发现，每次当你双手放到腰两侧时，声音的力度会变强，最后一个词都会听得非常清楚，听起来不会感觉口齿不清。

名字，是人一生中最常说出来和写出来的有灵魂的语言。演讲发言开始，首先就需要清晰明了地报出自己的名字，或公司的名字。

当你清晰明了地说出你的名字，自豪感会油然而生，背也会挺得更直。脑海中始终牢记一小节三拍的节奏，随后，整个演讲就能有条不紊保持这个节奏顺利进行。

绝不要小看名字的重要性。清晰说出自己的名字、公司的名字、他人的名字，是作为演讲人必须掌握的能力的"根基"，一定要努力进行相关训练。

搜集有趣的演讲题材
口才不佳也能逆袭

讲话有趣的人·无趣的人

无论怎样能说会道，在众人面前如何威严庄重，如果发言没有实质性内容，依然很难吸引听众。逻辑清晰也好、饱含激情也好、诚意满满也好，如果发言内容没有内涵，依然没人愿意去听第二次。

但如何才能找到有趣的话题？怎样才能搜集到有意思的题材呢？

"令人乏味的发言"具备怎样的特征？

在公布答案之前，我们首先思考一下"令人乏味的发言"到底是什么样的。

我认为无聊乏味的发言，主要有以下三个代表性特征。

1. 千篇一律

很多演讲即使换个人发言也没什么差别。因为害怕话题过于尖锐深入，大家通常只说一些流于表面的内容。选材太泛、视角平庸，都是些随便能在网上查到的东西。总之，内容极为敷衍，明显前期的学习准备工作不足。

像打官腔一样发言，千篇一律，这样的话题让人没兴趣听，还不如看看文件报告。

2. 充满偏见

发言时，自始至终坚持自己的观点。对任何人的反对意见，一一进行反驳。与其说是"反驳"他人，不如说他想击退"发言者"。最后，所有发言都是沉醉在自我世界的偏见和自我满足，让人根本听不下去。

3. 倚老卖老

这类发言，大多数都以"想当年，我在你这个年龄的时候啊……"为开场白，然后开始回顾自己过去的辉煌历史。

或许发言者本人希望年轻人向自己学习点经验。

但自己引以为傲的经验之谈，对于时代、环境、感受等因素完全不同的人而言，根本没有任何帮助。甚至有人提出，所谓"老人"，并不是指"年龄"或者"健康状态"，而是根据其话语中夹杂的作为过来人的"骄傲"程度来决定的。

当然，除了这三个特征，其他还有散布谣言、开黄腔、晒娃、道听途说等等，这些内容，都只会让听众感到枯燥无聊。当然，以上所列，并不涉及话题内容本身如何，更多的是关乎人品的问题，此处忽略不提。

"千篇一律""充满偏见""倚老卖老"，三个特征有个共通点：发言时拒绝外界介入，沉浸在自我封闭的世界里。

完全没有要迈出让自己轻松愉快的"舒适区"的意识。这种一味宣扬自我的话题，无法吸引听众。

发言题材的搜集 需要日积月累

打破自我封闭的局面，必须每天搜集"话题材料"。

日本的一位作词家阿久悠，每天都在本子上记录看报纸、听收音机、看电视所获取的信息。每天，他将这些信息整理后，

第五章
搜集有趣的演讲题材 口才不佳也能逆袭

写成日记。每一份日记，就是一份原创的"阿久悠报道"。

这样日复一日累积的信息报道、社会事件、风土人情等，无疑为阿久悠的词曲创作风格的形成提供了灵感。

没有什么比新闻报道的信息更具有时效性了。昨天大家都还很感兴趣的话题，今天就已提都不想再提。因此，发言题材必须保持新鲜度，持续不断地更新。

话虽如此，搜集有趣的话题材料并非易事。只有持续努力，不断累积，形成习惯，才能逐渐打造出自己的独特风格，才能将搜集到的有趣话题，灵活运用到会话当中。

如果你的发言内容让人情不自禁想凑过来听，那它的吸引力甚至比金钱还要更大。

本章主要关注有趣的题材搜集法，以及如何将搜集的新闻报道等信息进行加工，使其能作为"发言题材"发挥作用的方法。此外，如何记忆这些话题，才能做到随机应变、运用自如等，都是本章主要讨论的焦点所在。

挖掘自身经历中的"趣闻轶事"

如果想让对话生动有趣，关于自己的现身说法必不可少。为什么呢，因为这种话题只有自己亲身经历过才知道，其他人是没法讲的，是独属于自己的原创内容。

上文中我们提到"不可以沉浸在自我封闭的世界"，但个人经历是个例外。尝试在发言中谈谈自己过去经历的故事。

当然，4 年前的回忆，一时半会儿能不能想起来呢？7 年前的故事，可以做到立刻生动有趣地描述出来吗？我想肯定很困难吧。

发生在六七年前的事情，我们可能早就零零碎碎记不清楚，或者只隐约有点印象，具体情节早就忘记了。总而言之，各种情况，不一而足。

每一天，我们都在努力地活着。或许正因为如此，我们很少有心情和闲暇去回顾过去的时光。我们正在不断地忘却过去的日子。

清点过去时光片段中的趣闻轶事

很多时候我们并不清楚，什么情况下我们需要讲述自己过去的经历。

因此，我们首先要做的准备工作是，先给自己过去的经历列个清单，将其中的趣闻轶事提前清点整理好，以备不时之需。

我之所以意识到这一点，是因为在一次就业活动中，我拜访了博报堂的OB。我自信满满地将我的应聘申请书拿给他看时，对方立刻就打断了我的自我介绍。

"完全没有分量。根本没法给人留下任何印象。你的人生经历，当真就只有这申请书上这么一点点，如此浅薄吗？"

这位OB管理人员告诉我：求职应聘，就是给自己截至目前的学生生涯画上句号。在这期间你是如何思考，如何行动，如何规划今后的人生道路，都要与招聘官进行交流。要做到这一点，必须要回想过去，挖掘一些宝贵经历，讲述这些经历是如何让自己成长起来的，这些话题是非常有必要的。

然后，他还教了我一个有效方法：制作"趣闻轶事笔记"。

制作回忆片段的笔记

关于自己回忆片段笔记的制作，方法十分简单。

翻开笔记本，在左边页面的上方写个"0 岁"，右边页面的上方标出与"0 岁"相对应的公历年。比如我，我就标注"1960 年"。

然后翻页，下一页左边是"1 岁"，右边对应"1961 年"。然后，再下一页，左边"2 岁"，右边对应"1962 年"，以此类推……

按照这种方法，分别在笔记本左右两边标注年龄与对应的公历年份。

然后，最后标注到自己现在的年龄，如果是 28 岁的话，左边页面标注"28 岁"，右边页面对应写"2019 年"。至此，趣闻轶事笔记本宣告完成。

发生了什么有趣的事，立刻就记录到笔记本上。

比如说，我们回忆一下去年的自己。

翻开去年的那一页笔记，左边页面上就是简短记录的发生了什么事。随意写点，想到什么写什么。横着写竖着写都无妨，当然特别标注其他颜色也不错。

然后，右边页面上，记录去年发生的事、社会上流行的歌曲、开展的活动，等等。记录的时候也是随机的。

需要强调的是，回忆片段的笔记不需一口气写完。

随身带上笔记本，偶尔突然想起什么事，比如"说起来，好像当时还和太田君吵过架呢"之类，想到什么立刻就记下来。感觉就像捡回忆的麦穗一样不断地做记录。

不懂事的年龄发生的事情，想必是记不起来的。这个时候不妨问问自己的父母或者哥哥姐姐，问问自己小时候是个什么样子。

当你采访关于自己的事情的时候，会有许多意想不到的发现。

"回忆故事排行榜前 10" 首选失败经历

在不断记录回忆过去的片段的过程中，你就会看到自己的成长。原来当时父母对我说了这样的话，改变了我的人生；原来我是这样从失恋的重创中重新振作变强大的，诸如此类。可以选择 10 个左右这样的回忆片段。

这样一来，你会发现"影响我人生的回忆故事排行榜前10"。这是其他人无法取代，只属于你的回忆片段。

如果你能说出 10 个曾影响你人生的故事，你发言的趣味性就会得到跨越式的提升。

原创性的故事永远都是最有吸引力的。

尤其是，如果与听众分享自己的失败，说明你也只是个普通人，是遇到挫折重新振作起来后，才成长为现在的你，当周围的人了解到这一点，必定会对你刮目相看。

要想拥有丰富的话题，就去挖掘一下过去的经历吧！

不要说一些老调重弹的成功故事，选择讲一些真正成就了现在的"你"的故事。

建议大家一定要尝试一下这个方法：

要想说话生动有趣，首先就从你自身经历入手吧。

收音机与 YouTube 是话题宝库

我的母亲，在上了年纪之后，因为觉得每天长时间看电视太累了就改成了每天听收音机。母亲和我说收音机里的故事很有意思，于是我也开始尝试。如此认真地听收音机，好像还是学生时代听深夜节目后的头一次。

收音机里的节目真的很有意思：风土人情、人生感悟、政治经济等等都很有人情味。历史故事的秘闻、新出书籍的感想、怀旧音乐里的人等，话题一个接一个，闲话家常般源源不断。

通过阅读搜集故事，当然也是一种好的方式，但是，我们一般并不会选择自己不感兴趣的话题。但听收音机则不同，话题天马行空，题材广泛，从"鸡走向全世界的历史"，到"胜海舟是基督徒吗"，等等，我们常常能听到很多脱离我们所熟悉领域的话题。

收音机为你提供了许多有趣的话题，无论对方抛出什么样的话题，都能愉快地应对。

通过收音机和 YouTube 学习

当然收音机的作用不止于此。可以听到一流的播音员的声音也是收音机的魅力之一。

有时候，也并不是全篇都流利通畅，遇到感觉他们"有点棘手的问题"时也会有短暂停顿，从他们说话的方式中，我们还能学到打动听众的语言技巧。

同样，我们还可以从 YouTube 视频中学到一些方法。

例如，有一个节目，就是记录政治家成长为实业家的"GLOBIS 见闻录"。

与内容相比，我关注更多的是故事是如何展开的，如何相互交流不同意见等方面。

此外，我们也能从节目编导是如何安排剪辑进行场景切换等角度学到很多东西。前波士顿咨询集团公司的御立尚资先生，他作为会议引导师，控场风格是大胆尖锐、干脆利落，显得很有智慧。

此外，只要有时间，我还经常看大家都非常熟悉的 TED 演讲。

看节目当然是要学习演讲发言的技巧，更重要的是这些话题本身非常有趣，而且，还可以从中获取许多超出自己领域之外的优质话题。

当然，观看 YouTube 视频时，不仅要关注感兴趣的领域，也要广泛摄取不同领域的知识。

所见所闻，做好记录

无论是收音机也好，还是 YouTube，大多数内容我们听过就会忘记。要想把听到的故事作为发言时的话题备用，需要整理笔记保存下来。

我每天睡觉之前，会将当天听到后记住的两三件事，记在笔记本上。记不起来的事情，估计也不怎么重要，就放弃不做深究。

记笔记时无须过于细致具体，太在意细节反而难以持续坚持。

"所谓故事，就是拥有灵魂的数据。"类似这样的名言，只需要写下句子和作者即可。做到这一点，就能留下印象。

持续搜集整理记录些名言名句和有意思的题材，渐渐的，你会发现在与人对话的过程中，能自然而然说出这些话。

"悲伤的力量，会激活大脑与大脑之间的区域连接。"像这样的台词，能很自然地表达出悲伤。

然而，只是语言词汇量丰富，还不足以让发言生动有趣。

震撼人心的简洁有力的语言表达，需要运用在"恰到好处的地方"。等到后面举例说明时，听众们自然就会感受到"那个人说话很有意思""话中有话"。

就像欣赏音乐一样，我们仔细聆听收音机广播员说话；就像享受沐浴一样，我们观看 YouTube 和 TED 视频。同时，对于所见所闻，养成随时记笔记的习惯。

只需要做到以上几点，你的发言就会变得更有深度，人们也会对你投以钦佩的目光。

在街头巷尾的日常琐事中搜集题材

伊势神宫附近的出租车司机向我说过这样的话："向神

祈祷时，要先报告自己的住址。那不是要告知神自己住在哪里，而是要仔细确定自己所在的位置。这种行为，与战国时期的武将自报姓名的性质差不多。"

大阪出租车司机向我说过这样的话："今年夏天实在是太热了。连蚊子和蚊子幼虫都变少了。大概是因为蚊子和蚊子幼虫子了生长发育需要的水的温度都变高了吧。"

开往东京·赤坂方向的出租车司机向我说过这样的话："赤坂那边，就在 BIG CAMARA 旁边的派出所附近，有两棵樱花树已经开了。日枝神社入口有一棵小树，花也已经开了。丰川稻荷附近，往青山方向那边的樱花也开了。我开出租车已经有 36 年了。每年哪里的樱花开得早，我可是全部都标记地图上了的哦。"

我每次坐出租车，都会主动和出租车司机聊聊天。当然，也有不怎么爱说话的司机，不过大多数司机都是比较健谈的。而且，他们谈的话题很多都非常有趣，让人受益匪浅。

借用出租车司机的话

某天与人见面时，借用一下出租车司机的话，一场话题的讨论可能因此展开。

有一次，我提到有出租车司机说赤坂樱花开得早，对方告诉我："我坐出租车的时候，司机告诉我，说是丸红本社附近的樱花开得是最早的。"

于是，我们开始热烈讨论关于樱花胜地的话题，最后，我们约定了赏樱花的地点。很明显，这个话题迅速拉近了我们彼此的距离。

处处都能发现名言金句

除了出租车司机之外，还有银座俱乐部的老板娘。

有一次银座俱乐部的老板娘曾这样和我说：

"看到第一次来的客人，如果判断对方很有地位，就把名片放在桐木箱。如果感觉对方只是个普通小人物，就把名片放在纸箱里。练就识人的本领，这个方法特别有效。"

她这样一说，搞得我开始担心，不知道我的名片是放在哪个箱子里的。

京都非常有名的"口蜜腹剑"的老板娘这样和我说：

"嘴上甜蜜，心中算计，也是身不由己啊。"

"年龄可不是长出来的，年龄是堆出来的，堆着堆着就变成了大人。"

"钱不是拿来用的，是出去看世界长见识的。这么想才会成长后归来。"

每次，老板娘金句频出。好像不少人聚在店子里，就是为了听她说俏皮话。

我们不妨主动去搜集街头巷尾听到的好句子。从这些句子中，我们可以嗅到时代的气息，听到老百姓最真实的声音，看到人的执着和倔强。很多在街头巷尾听到的句子，都会让人不由感叹"这个世界是多么的精彩"。

除了我们所在环境以及不同年龄所使用的语言表达，老人的牢骚、小孩子的小声嘟囔、异性间的谈天说地、地方上人们的亲切交谈等等，这些话语里蕴藏着打动人心的力量。

积极主动地倾听人们的交谈，尝试着主动打个招呼，不同人群交流的话题，将为我们呈现一个更广阔的世界。

求职应聘熟读公司寄语

我一直对求职应聘的学生们嘱咐一句话。

"一定要透彻理解企业网站上公布的社长寄语。"

大多数忙着求职的学生都存在这样的问题：竭尽全力准备"自我展示"，反而对所应聘的"企业研究"准备不足。

"只要全方位展示自己，就一定能打动企业方，获得录用。"这种想法实在太过天真。

成功获取多份内定资格学生的共通之处

虽然说是"企业研究"，但是学生能了解到的信息也是极其有限的，最多不过就是看看《公司四季报》或者浏览一下企业网站而已。但是，成功获得多家公司青睐，得到多份内定资格的学生，毫无疑问，都认真研究过"社长寄语"。

"即使职务相同的公司，关注的重点是新技术研发，还是全球化业务拓展，都可以通过解读社长寄语，发现其中的差异。"

"例如，食品企业的话，大多都包含有安心、安全、健康、美味、新产品开发等各类要素。但是，对比研究时就会发现，不同企业对以上要素排列的优先度设定不尽相同。这种差异，很明显表达了社长的企业运营理念。"

曾经，有一个学生告诉我这样一件事。

只看公司简介的话，表面上看似乎对"新技术"和"全球化"同样都很重视，但是再仔细研究社长寄语时，根据出现的先后顺序、谈论内容的长短、实际成绩的排列方式等，就能找到公司所关注的重点。

这名学生在求职时，把各家企业的"社长寄语"和宣传语全部打印出来，找到特征最明显的部分，用下划线标出重点记录下来。

请 开 始 你 的 演 讲

演讲稿写作的精髓，在于领会领导者的理念

演讲稿写作的精髓，在于掌握大量领导层社长的发言，领会其想法。

我们可以选出 50 家左右比较有意向的企业，然后将社长的评论发言以及演讲发言等打印出来，仔细阅读。

每一篇精读固然重要，但是首先，最重要的是要像做"阅读理解"一样，保证大量阅读。

初读可能会发现很多大同小异的内容，但是随着你不断深入阅读，就会发现其中的倾向。

在理解这一点之后，再仔细思考这家企业独特的措辞方式，就能写出有深度，又具备原创特色的演讲稿了。

"社长寄语"并不只是在求职应聘或是写演讲稿的时候才能发挥作用，企业宣讲时也能派上用场。我们可以多关注几家企业，抽选其中使用频率高的单词备用。

你会发现，"体验价值""价值创造""融合""贴近生活""可持续性""地球环境"等，这些以前几乎很少用到的单词，如今出现的频率相当高。

相反，你还会发现，之前一直高声呼吁的"全球化""团结一致""挑战"等高频词，如今提起的频率已大幅度减少。

将观察到的风向变化，融会在演讲内容中，能迅速提升发言的深度。

专栏 5
不要怨天尤人

我曾有幸与散文家岸本叶子女士见面，她和我说了这样一句话。

"不要怨天尤人。"

当时的岸本女士，刚刚经历了与癌症的抗争。在闲谈中，她很自然地和我谈起这句话："所谓活着，就是不断去解答人生中给我们提出的课题。"

我也曾与同样的疾病抗争。但是，听到这句"不要怨天尤人"时，还是感觉心里沉甸甸的。

哎呀，工作太忙了，聚餐太多。虽然话是这么说，其实责任还是在自己。

归根结底，我们自己身上发生的所有事，都无法归咎于他人。

这个道理，教自己孩子学习时就会明白。

很多无法提高成绩的孩子，会说出类似"我讨厌数学老师""妈妈回家太晚了""班上有同学很讨厌，影响我学习"等理由，把责任推给他人。即便开始行动，但总是将失败或者无法进步的原因归咎于他人的人，是无法进步的。

引导我们走向成功的方法多种多样，但是，引导我们走向失败的原因，大多只有一个：将原因归咎于他人。

同样，沟通能力的能否提高也是如此。

"对方能力太差了""这个资料信息不全，无法做发言准备""居然这样对我吹毛求疵，实在是性格太差了"，像这样责怪他人的人，都不具备解决问题的能力。

庆应义塾大学的创办人福泽谕吉，号召人们学会"独立自尊"。

意思就是"不依赖于他人，自己思考，自己判断，自己负责决定一切"。换言之，讲的就是"任何事都要自己承担"。

当今时代，工作分工越来越复杂，人们追求的是更高效的解决方案。通常情况下，工作中每个人都只负责自己的专业领域。但是，这种模式走向极端时，很容易出现负面影响，人人都想着"只要做好我负责的工作就行"，一遇到困难就认为"是其他部门没做好才导致的失败"或"责怪他人"。

但从客户角度而言，没有人会去关注到底责任应该由哪个部门的人来承担。

他们只关心的是这 30 分钟的陈述时间里，演讲发言人讲述的内容。

作为演讲发言人的你，必须具备独立自尊的精神。在这有限的 30 分钟内，自己思考、自己判断，以负责任的态度开始讲述。如果做不到这一点，结果只会乱成一团。

私人之间的沟通交流同样如此。大部分的谣传，都源于"责怪他人"。

"总是那个人在破坏部门内部氛围。""就是拜他所赐，连累我们都成了笑话。"总之，总是会确定个需要"为此负责"的对象，说些有的没有的、空穴来风的事。

然而，如果总是怨天尤人，是无法取得任何进步的。

作家关高健先生曾说过：不流动的水就会变得浑浊，喜欢推卸责任的集团，只会逐渐走向衰败。

沟通交流中需要坚强意志。

要实现这一目标，首先要记住："切勿怨天尤人。"

自己的人生自己负责，不推卸责任，自己的事情全部自己承担。

坚持这一原则，发言时的语言自然会有分量、有深度。

后 记

我一直在想，到底人与人的沟通中是否存在"技巧"或"秘诀"这一类东西。

我从未在写作过程中停止思考这一问题。

本书中所呈现的所有内容，均是我亲身体验后的领悟。或许，其中一些技巧并不适用于所有读者。

不同读者大脑中的语言积累的个体差别，同样也会影响到实际的沟通效果。

每个人年龄与经历都不同，价值观与审美观存在差异。众多讲述沟通方法的书籍中，都有提到语言表达和动作姿势等方面的内容，那么这本书如何才能独树一帜呢？

每次，我这样自问自答，中途甚至多次想要停笔放弃。

一直支持着我完成这本书的，正是我曾经的学生们。

他们对我说："大部分所谓传授技巧的书都是一些优秀

的人的成功经历。他们完全不能体会口才不好的人的烦恼。希望这本书能写得尽可能简单明了。""我觉得口才，并不是那么容易就能提高的。那些宣传中讲的所谓3分钟掌握，1周能侃侃而谈都是不可能实现的，希望这本书能具体、详细地教我们该如何努力，怎样努力。"

从一开始，大家就表达了对"秘诀类"书籍的否定。正因如此，才希望我能着手写出一本具有可操作性的指导书。这本书，正是在同学们的鼓励和期待下才得以完成的。

在写作不断深入的过程中，我同时还听取了大家对我演讲提出的意见和建议。

"不够轻松愉快，希望能让气氛更融洽点。"

"希望能有更多的单独互动的机会。"

正是这些意见和激励，帮助我完成这本书。在写作的过程中，我也获得了成长。

本书开始动笔时，就得到诸多朋友的支持。

感谢博报堂的立谷光太郎先生，一直都在默默支持专注于写作的我，在我遇到困难时给予我大力支持，今后也请立谷光太郎先生多多指教。

请开始你的演讲

　　此外，感谢总是提供给我突如其来灵感的库帕。我书中提到的很多试验都是在先生所主持的三宅私塾完成的，先生对我完成本书提供了很大帮助。

　　感谢明治大学的西冈小百合女士。每次都来支持我的讲座，参与本书的试验。

　　此外，感谢我的朋友真井纪子女士，她一直给予我温暖的鼓励和尖锐的批评。感谢齐藤早苗女士、太田伊保先生、东山尚美、小笠原史惠等，非常感谢大家的宝贵意见，才让本书变得有深度。

　　感谢出版社的重村启太先生，一直支持本书的写作，并给予我充分的肯定"文章非常有趣，放心"，这才让我有勇气最终完成本书，真的是万分感谢。

　　之所以能写到这里，是因为"沟通交流，是与听众一起创作的过程"，一个人什么也做不了。正因为有可供倾诉的对象，我们才有说话的勇气，我们的想法才会插上翅膀，而相互讨论则会让交谈更加热烈。

　　要想实现沟通自如的目标，要真诚面对自己，坦诚地表达自己的想法，掌握打动对方的表达姿态。

后 记

本书要给大家传递的，就是掌握"表达的姿态"的方法。

本书是我 58 年的人生历程的总结。如果本书多少能给您提供一些参考，那将是我的荣幸。语言表达的修炼依然任重道远。期待未来的日子，能与您再相遇。

感恩缘分让我们相遇！

蟇田吉昭（ひきた　よしあき）

2019 年 3 月